히어로 왕초보
일본어 단어

히어로 왕초보
일본어 단어

초판 7쇄 발행 2025년 12월 20일
초판 1쇄 발행 2017년 8월 30일

저자	더 콜링(김정희, 황혜정, 桃坂, 明子, 一朗)
감수	日野理沙(김윤의)
기획	김은경
편집	이지영
발행인	조경아
발행처	랭귀지북스
주소	서울시 마포구 포은로2나길 31 벨라비스타 208호
등록번호	101-90-85278 **등록일자** 2008년 7월 10일
전화	02.406.0047 **팩스** 02.406.0042
이메일	languagebooks@hanmail.net
MP3 다운로드	blog.naver.com/languagebook

ISBN   979-11-5635-066-8 (10730)
값   8,500원
ⓒLanguageBooks, 2017

이 책은 저작권법에 따라 보호받는 저작물이므로 무단 전재와 무단 복제를 금지하며,
이 책 내용의 전부 또는 일부를 이용하려면 반드시 저작권자와 랭귀지북스의
서면 동의를 받아야 합니다. 잘못된 책은 구입처에서 바꿔 드립니다.

히어로 왕초보
일본어 단어

랭귀지북스

Preface 머리말

내 손안에 쏙 들어오는 〈**히어로 왕초보 일본어 단어**〉는 일상에서 쓸 수 있는 일본어 단어만을 담았습니다. 일본어는 다른 외국어에 비해 상대적으로 쉽게 시작할 수 있는 언어로 우리말과 구조가 비슷한 부분도 있고, 종종 발음조차 거의 같은 단어들이 있기 때문인데요, 그래서 만만하게 시작할 수 있지만 어느 정도 수준에 이르면 어렵다고 느끼게 됩니다. 우리말과 비슷해서 쉬웠지만, 결국 우리말과 다른 언어와 문화적 배경으로 그런 것인데요. 일본인의 언어적 습관을 이해한다면 좀 더 재미있게 학습을 이어갈 수 있을 것입니다.

이 책은 우리말과 같은 듯 다르고 쉬운 듯 어려운 일본어 학습의 묘미를 중심으로, 다양한 주제별 단어를 익힐 수 있도록 구성했습니다.

나의 일본어 실력을 빛나게 할 작지만 강한 책으로 이제 당신도 일본어 히어로가 될 수 있습니다.

더 콜링_김정희

About this book 이 책의 특징

- **막힘없이 쉽게!**

  왕초보부터 초·중급 수준의 일본어 학습자를 위한 필수 단어 포켓북입니다. 일본에서 가장 많이 쓰는 필수 어휘를 엄선해, 소개부터 쇼핑, 여행, 사건&사고까지 세세하게 구성했습니다. 일상생활에서 꼭 필요한 대표적인 주제 26개를 선정해 약 3,000여 개의 어휘를 담았습니다.

- **리얼 발음으로 쉽게!!**

  왕초보도 일본어를 쉽게 읽을 수 있도록 일본에서 사용하는 표준 발음과 최대한 가깝게 한글 발음을 표기했습니다. 한글 발음 표기로 이제 자신 있게 리얼 발음을 구사해 보세요.

- **어디서나 쉽게!!!**

  한손에 쏙 들어오는 크기로, 24시간 주머니 속에 넣고 다니며 필요할 때마다 꺼내 어휘를 익힐 수 있습니다. 지금부터는 포켓 사이즈 〈**히어로 왕초보 일본어 단어**〉로 언제 어디서든 마음껏 확인해 보세요.

● 일본어 문자

MP3. U00

일본어는 기본적으로 히라가나와 가타카나, 한자로 표기합니다. 히라가나와 가타카나를 각각 음절에 따라 행과 단으로 배열한 표를 흔히 50음도라고 하는데, 오늘날 사용되지 않는 가나 문자를 빼면 모두 46자입니다.

1. 히라가나 ひらがな

히라가나는 한자의 초서체에서 유래한 문자로, 오늘날 모든 인쇄와 필기에 사용되는 가장 일반적이고 기본적인 일본어 문자입니다.

행＼단	あ 아	い 이	う 우	え 에	お 오
あ 아	あ 아	い 이	う 우	え 에	お 오
	あめ 아메 비	いぬ 이누 개	うえ 우에 위	えき 에끼 역	おとうと 오또-또 남동생
か 카	か 카	き 키	く 쿠	け 케	こ 코
	かさ 카사 우산	き 키 나무	くつ 쿠쯔 신발	けが 케가 상처, 부상	こと 코또 일, 것

단 행	あ 아	い 이	う 우	え 에	お 오
さ 사	さ 사	し 시	す 스	せ 세	そ 소
	さくら 사꾸라 벚꽃	し 시 4, 넷	すし 스시 초밥	せき 세끼 자리, 좌석	そば 소바 곁, 옆
た 타	た 타	ち 치	つ 츠	て 테	と 토
	たくさん 탁상 많음	ちち 치찌 아버지	つゆ 츠유 장마	て 테 손	ともだち 토모다찌 친구
な 나	な 나	に 니	ぬ 누	ね 네	の 노
	なみだ 나미다 눈물	にく 니꾸 고기	ぬいめ 누이메 솔기	ねだん 네당 가격, 값	のり 노리 김

단 행	あ 아	い 이	う 우	え 에	お 오
は 하	は 하	ひ 히	ふ 후	へ 헤	ほ 호
	はな 하나 꽃	ひ 히 해, 태양	ふく 후꾸 옷	へや 헤야 방	ほか 호까 다른 것, 밖
ま 마	ま 마	み 미	む 무	め 메	も 모
	まえ 마에 앞	みみ 미미 귀	むかし 무까시 옛날, 예전	めいし 메-시 명함	もも 모모 복숭아
や 야	や 야		ゆ 유		よ 요
	やま 야마 산		ゆき 유끼 눈		よる 요루 밤
ら 라	ら 라	り 리	る 루	れ 레	ろ 로
	らいねん 라이넹 내년	りんご 링고 사과	るす 루스 부재중	れんらく 렌라꾸 연락	ろく 로꾸 6, 여섯

단 행	あ 아	い 이	う 우	え 에	お 오
わ 와	わ 와				を 오
	わたし 와따시 나, 저				~を 오 ~을
ん 응	ん 응				
	うん 응 응(승낙, 긍정을 표현하는 말)				

2. 가타카나 カタカナ

가타카나는 한자 획의 일부를 취해서 만들어진 문자로, 표기되는 문자 모양은 달라도 발음은 히라가나와 같습니다. 주로 외래어나 외국의 인명, 지명, 의성어, 의태어, 동식물명 등을 표기할 때와 강조하고 싶은 말에 쓰이는데, 요즘은 가타카나의 사용 비중이 계속 커지고 있습니다.

단/행	ア 아	イ 이	ウ 우	エ 에	オ 오
ア 아	ア 아 **アジア** 아지아 아시아	イ 이 **イギリス** 이기리스 영국	ウ 우 **ウェブ** 웨부 웹	エ 에 **エアコン** 에아콩 에어컨	オ 오 **オレンジ** 오렌지 오렌지
カ 카	カ 카 **カード** 카-도 카드	キ 키 **キャラクター** 캬라쿠타- 캐릭터	ク 쿠 **クリーム** 쿠리-무 크림	ケ 케 **ケーキ** 케-키 케이크	コ 코 **コート** 코-토 코트

10

단 행	ア 아	イ 이	ウ 우	エ 에	オ 오
サ 사	サ 사	シ 시	ス 스	セ 세	ソ 소
	サークル 사-쿠루 서클, 동호회	シングル 싱구루 싱글	スクリーン 스쿠리-ㅇ 스크린	セット 셋토 세트	ソウル 소우루 서울
タ 타	タ 타	チ 치	ツ 츠	テ 테	ト 토
	タイトル 타이토루 타이틀, 제목	チーズ 치-즈 치즈	ツアー 츠아- 투어	テレビ 테레비 텔레비전	トイレ 토이레 화장실
ナ 나	ナ 나	ニ 니	ヌ 누	ネ 네	ノ 노
	ナンバー 남바- 넘버, 번호	ニュース 뉴-스 뉴스	ヌードル 누-도루 누들	ネット 넷토 네트, 그물	ノート 노-토 노트

단/행	ア 아	イ 이	ウ 우	エ 에	オ 오
ハ 하	ハ 하	ヒ 히	フ 후	ヘ 헤	ホ 호
	ハイキング 하이킹구 하이킹	ヒーロー 히-로- 히어로, 영웅	フリー 후리- 프리, 자유	ヘア 헤아 헤어, 머리털	ホテル 호테루 호텔
マ 마	マ 마	ミ 미	ム 무	メ 메	モ 모
	マスク 마스쿠 마스크	ミキサー 미키사- 믹서	ムード 무-도 무드, 분위기	メモリー 메모리- 메모리	モニター 모니타- 모니터
ヤ 야	ヤ 야		ユ 유		ヨ 요
	ヤフー 야후- 야후		ユニット 유닛토 유닛, 단위		ヨーロッパ 요-롭파 유럽

12

단\행	ア 아	イ 이	ウ 우	エ 에	オ 오
ラ 라	ラ 라	リ 리	ル 루	レ 레	ロ 로
	ラジオ 라지오 라디오	リング 링구 링, 반지	ルーム 루-무 룸, 방	レポート 레포-토 리포트, 보고서	ロボット 로봇토 로봇
ワ 와	ワ 와				*ヲ 오
	ワーク 와쿠 워크, 일				
ン 응	ン 응				
	ペン 펭 펜				

* 현재는 ヲ 오를 거의 사용하지 않습니다. (옛날 전보문이나 공식 문서에서 쓰였으나, 현재는 형식상 남아 있습니다.)

Contents 차례

- 일본어 문자　　　　　　　　　　　　　　　6

ユニット 01	소개 & 인사	16
ユニット 02	감사 & 사과	26
ユニット 03	신체	32
ユニット 04	기분 & 성격	44
ユニット 05	사랑	62
ユニット 06	가족	78
ユニット 07	시간 & 날짜	88
ユニット 08	날씨 & 계절	106
ユニット 09	동물 & 식물	116
ユニット 10	집	132
ユニット 11	옷	142
ユニット 12	음식	156
ユニット 13	취미	172

ユニット 14	전화 & 인터넷	190
ユニット 15	학교	204
ユニット 16	직업	224
ユニット 17	음식점 & 카페	246
ユニット 18	상점	262
ユニット 19	병원 & 은행	278
ユニット 20	교통	294
ユニット 21	운전	306
ユニット 22	숙박	320
ユニット 23	관광	332
ユニット 24	사고 & 사건	346
ユニット 25	숫자	360
ユニット 26	엔화	365

ユニット 01. 소개 & 인사
紹介・挨拶 쇼—까이・아이사쯔 MP3. U01

- □ 紹介 しょうかい 쇼—까이 [명] 소개

- □ 名前 なまえ 나마에 [명] 이름, 성명
  - = 姓名 せいめい 세—메—
  - = 氏名 しめい 시메—

- □ お名前 なまえ 오나마에 [명] 성함, 존함
  - = 芳名 ほうめい 호—메—

- □ 名 な 나 [명] 이름; 평판, 명성

- □ 姓 せい 세— [명] 성, 성씨
  - = 名字 みょうじ 묘—지
  - = 苗字 みょうじ 묘—지

- □ ニックネーム 닉쿠네—무 [명] 닉네임, 별명
  - = あだ名 な 아다나

- □ 名刺 めいし 메—시 [명] 명함

01

- 性別 せいべつ 세-베쯔 명 성별

- 男 おとこ 오또꼬 명 남자, 사나이

- 男性 だんせい 단세- 명 남성

- 男子 だんし 단시 명 남자, 남성

- 男の子 おとこのこ 오또꼬노 꼬 명 남자아이

- 女 おんな 온나 명 여자

- 女性 じょせい 죠세- 명 여성

- 女子 じょし 죠시 명 여자, 여성

- 女の子 おんなのこ 온나노 꼬 명 여자아이

- さん 상 명 ~씨

- 様 さま 사마 명 ~님

- 方 かた 카따 명 ~분들, ~님들

- 君くん 쿵 명 ~군(주로 남성에 대하여 씀)

- ちゃん 챵 명 ~야

- 年とし 토시 명 나이, 연령
  = 年齢ねんれい 넨레-
  = 齢れい 레-

- 歳さい 사이 명 ~살, ~세

- いくつ 이꾸쯔 명 몇 살; 몇 개

- 誕生日たんじょうび 탄죠-비 명 생일
  = バースデー 바-스데-

- 国籍こくせき 콕세끼 명 국적

- 国家こっか 콕까 명 국가, 나라

- 言語げんご 겐고 명 언어

- 日本語にほんご 니혼고 명 일본어

01

- □ **韓国語** かんこくご 캉꼬꾸고 [명] 한국어

- □ **英語** えいご 에-고 [명] 영어

- □ **中国語** ちゅうごくご 츄-고꾸고 [명] 중국어

- □ **フランス語** ご 후랑스고 [명] 프랑스어

- □ **ドイツ語** ご 도이츠고 [명] 독일어

- □ **仕事** しごと 시고또 [명] 일; 직업

- □ **職業** しょくぎょう 쇼꾸교- [명] 직업

- □ **年生** ねんせい 넨세- [명] 학년

- □ **専攻** せんこう 셍꼬- [명] 전공

- □ **宗教** しゅうきょう 슈-꾜- [명] 종교

- □ **神道** しんとう 신또- [명] 신도(일본 고유의 종교)

- □ **キリスト教** きょう 키리스토꾜- [명] 기독교

- □ カトリック教きょう 카토릭쿠꾜- 명 천주교

- □ 仏教ぶっきょう 북꾜- 명 불교

- □ イスラム教きょう 이스라무꾜- 명 이슬람교

- □ 住すむ 스무 동 살다, 거주하다

- □ 住所じゅうしょ 쥬-쇼 명 주소

- □ 電話番号でんわばんごう 뎅와방고-
  명 전화번호

- □ ケー番ばん 케-방 휴대전화 번호
  = 携帯けいたい電話番号でんわばんごう
  케-따이 뎅와방고-

- □ 家族かぞく 카조꾸 명 가족

- □ 知しり合あい 시리아이 명 아는 사이, 지인
  = 知人ちじん 치징

01

□ **第一印象**だいいちいんしょう 다이이찌인쇼-
　명 첫인상

□ **話**はなし 하나시 명 말, 이야기

□ **お話**はなし 오하나시 명 말씀

□ **うわさ** 우와사 명 평판, 소문

□ **挨拶**あいさつ 아이사쯔 명 인사

□ **お元気**げんき**ですか。** 오겡끼데스까
　안녕하세요? / 잘 지내요?

□ **いかがお過**す**ごしですか。**
　이까가 오스고시데스까 어떻게 지내고 계세요?

□ **おはよう。** 오하요- 안녕.(아침 인사)

□ **おはようございます。**
　오하요- 고자이마스 안녕하세요.(아침 인사)

- □ こんにちは。 콘니찌와
  안녕하세요.(점심 이후 오후 인사)

- □ こんばんは。 콤방와
  안녕하세요.(저녁 인사)

- □ ハロー。 하로-
  안녕. / 여보세요.(영어의 hello에서 따온 인사말)

- □ 初はじめまして。 하지메마시떼
  처음 뵙겠습니다.

- □ おやすみ。 오야스미 잘 자.

- □ おやすみなさい。 오야스미나사이
  안녕히 주무세요.

- □ さようなら。 사요-나라
  안녕히 가세요. / 안녕히 계세요.

- □ バイバイ。 바이바이 안녕. / 빠이빠이.

01

- □ じゃあ、またね。 쟈-, 마따네
  그럼, 또 봐.

- □ じゃあ、また今度(こんど)。
  쟈-, 마따 콘도 그럼, 다음에 또 봐요.

- □ では、また明日(あした)。
  데와, 마따 아시따 그럼, 내일 또 봐요.

- □ よい週末(しゅうまつ)を。 요이 슈-마쯔오
  즐거운 주말 되세요.

- □ よろしく伝(つた)えてください。
  요로시꾸 츠따에떼 쿠다사이 안부 전해 주세요.

- □ 失礼(しつれい)します。 시쯔레-시마스
  실례합니다.

- □ 久(ひさ)しぶり 히사시부리 [명] 오래간만

- □ お目(め)にかかる 오메니 카까루 (만나) 뵙다

- □ よろしく 요로시꾸 [부] 잘 부탁합니다, (~에게) 안부 전해 주세요

- □ ようこそ 요-꼬소 [부] 잘

- □ いらっしゃい 이랏샤이
  어서 오세요(사람이 왔을 때)

- □ 歓迎 かんげい 캉게- [명] 환영

- □ 歓迎会 かんげいかい 캉게-까이 [명] 환영회

- □ 招待 しょうたい 쇼-따이 [명] 초대
  = 招 まねき 마네끼

- □ 招待状 しょうたいじょう 쇼-따이죠-
  [명] 초대장

- □ 客 きゃく 캬꾸 [명] 손님

- □ お客 きゃくさん 오꺅상 [명] 손님
  = お客 きゃく様 さま 오꺅사마

□ **ゲスト** 게스토 [명] 게스트

□ **友達**ともだち 토모다찌 [명] 친구
  = 友とも 토모
  = 友人ゆうじん 유-징

ユニット 02. 감사 & 사과
感謝・謝罪 칸샤・샤자이

MP3. U02

☐ **感謝** かんしゃ 칸샤 명 감사

☐ **ありがとう** 아리가또- 고맙다

☐ **ありがとうございます**
아리가또-고자이마스 감사합니다, 고맙습니다

☐ **サンキュー** 상큐- 생큐, 감사합니다

☐ **どうも** 도-모 부 정말, 매우

☐ **お礼** れい 오레- 명 사례의 말, 사례의 선물

☐ **親切** しんせつ 신세쯔 명 친절

☐ **おかげ** 오까게 명 덕택, 덕분

☐ **配慮** はいりょ 하이료 명 배려

☐ **理解** りかい 리까이 명 이해

- **関心** かんしん 칸싱 명 관심

- **心配** しんぱい 심빠이 명 걱정, 근심

- **面倒** めんどう 멘도- 명 번거로움, 폐

- **世話** せわ 세와 명 폐, 신세

- **気**き**を遣**つか**う** 키오 츠까우 (주위 사람이나 일에 여러가지로) 마음[신경]을 쓰다, 배려하다

- **役**やく**に立**た**つ** 야꾸니 타쯔 도움이 되다, 쓸모가 있다

- **助**たす**かる** 타스까루 동 도움이 되다

- **助**たす**ける** 타스께루 동 돕다, 거들다
  = **手伝**てつだ**う** 테쯔다우

- **どういたしまして** 도-이따시마시떼
  천만에요

- 待まつ 마쯔 [동] 기다리다

- 待またせる 마따세루 [동] 기다리게 하다
  = 待またす 마따스

- 励はげます 하게마스 [동] 격려하다, 북돋우다

- 忠告ちゅうこく 츄-꼬꾸 [명] 충고
  = アドバイス 아도바이스

- ほめる 호메루 [동] 칭찬하다

- 許ゆるす 유루스 [동] 용서하다; 허락하다

- 許ゆるし 유루시 [명] 용서; 허가

- 謝あやまる 아야마루 [동] 잘못을 빌다, 사과하다

- 誤あやまる 아야마루 [동] 잘못되다, 틀리다

- 誤あやまり 아야마리 [명] 잘못, 오류

- □ **謝罪**しゃざい 샤자이 [명] 사과, 사죄

- □ **お詫**わ**び** 오와비 [명] 사과, 사과의 말

- □ **すみません** 스미마셍 죄송합니다; 고맙습니다; 부탁합니다

- □ **ごめんなさい** 고멘나사이 죄송합니다, 미안합니다

- □ **ごめん** 고멩 미안

- □ **すまない** 스마나이 미안하다

- □ **申**もう**し訳**わけ 모-시와께 [명] 변명, 해명

- □ **申**もう**し訳**わけ**ありません**
  모-시와께 아리마셍 죄송합니다

- □ **迷惑**めいわく 메-와꾸 [명] 귀찮음, 폐

- □ **問題**もんだい 몬다이 [명] 문제

- **まちがえる** 마찌가에루 통 잘못하다, 틀리다, 실수하다

- **まちがい** 마찌가이 명 잘못, 실수

- **邪魔**じゃまする 쟈마스루 통 방해하다, 훼방을 놓다

- **不注意**ふちゅうい 후쮸-이 명 부주의

- **意図**いと 이또 명 의도

- **非難**ひなん 히낭 명 비난

- **困**こまる 코마루 통 곤란하다, 난처하다

- **困難**こんなん 콘낭 명 곤란

- **せい** 세- 명 탓, 때문

- **損害**そんがい 손가이 명 손해

- **損失**そんしつ 손시쯔 명 손실

☐ **わざと** 와자또 [부] 고의로, 일부러

☐ **遅おそい** 오소이 [형] 늦다

☐ **遅おくれる** 오꾸레루 [동] 늦어지다, 처지다

☐ **忘わすれる** 와스레루 [동] 잊다

☐ **しかたない** 시까따나이 [형] 어쩔 수 없다, 하는 수 없다

☐ **取とり返かえす** 토리까에스 [동] 돌이키다, 만회하다

☐ **受うけ入いれる** 우께이레루 [동] 받아들이다

ユニット 03. 신체
体 카라다

- □ **体**からだ 카라다 圏 몸, 신체
  = **身体**しんたい 신따이

- □ **体格**たいかく 타이까꾸 圏 체격

- □ **スタイルがいい** 스타이루가 이-
  몸매가 좋다

- □ **頭**あたま 아따마 圏 머리

- □ **髪**かみ**の毛**け 카미노께 圏 머리카락

- □ **髪形**かみがた 카미가따 헤어스타일, 머리 모양
  = **ヘアスタイル** 헤아스타이루

- □ **ロングヘア** 롱구헤아 긴 머리

- □ **短髪**たんぱつ 탐빠쯔 단발

- □ **ショートヘア** 쇼-토헤아 짧은 머리
- □ **くせげ** 쿠세게 명 곱슬머리
- □ **ストレートヘア** 스토레-토헤아 생머리
- □ **首**くび 쿠비 명 목
- □ **喉**のど 노도 명 목
- □ **うなじ** 우나지 명 목덜미
- □ **肩**かた 카따 명 어깨
- □ **胸**むね 무네 명 가슴
- □ **腰**こし 코시 명 허리
- □ **腹**はら 하라 명 배
- □ **背中**せなか 세나까 명 등
- □ **お尻**しり 오시리 명 엉덩이

☐ 腕うで 우데 명 팔

☐ ひじ 히지 명 팔꿈치

☐ 手て 테 명 손

☐ 手首てくび 테꾸비 명 손목

☐ 右利みぎきき 미기끼끼 명 오른손잡이

☐ 左利ひだりきき 히다리끼끼 명 왼손잡이

☐ 指ゆび 유비 명 손가락

☐ 爪つめ 츠메 명 손톱

☐ 脚あし 아시 명 다리

☐ もも 모모 명 허벅지
  = 太ふともも 후또모모

☐ ひざ 히자 명 무릎

- 足あし 아시 _명 발; 다리

- かかと 카까또 _명 발뒤꿈치

- 足首あしくび 아시꾸비 _명 발목

- 足指あしゆび 아시유비 _명 발가락

- 足指あしゆびのつめ 아시유비노 츠메
  _명 발톱

- 顔かお 카오 _명 얼굴

- 顔型かおがた 카오가따 얼굴형

- 卵型たまごがたの顔かお 타마고가따노 카오
  달걀형 얼굴

- 丸顔まるがお 마루가오 _명 둥근 얼굴

- 額ひたい 히따이 _명 이마
  = おでこ 오데꼬

- □ あご 아고 [명] 턱

- □ 耳みみ 미미 [명] 귀; 청력

- □ 頬ほお 호오 [명] 볼
  = ほっぺた 홉뻬따

- □ 眉まゆ 마유 [명] 눈썹
  = 眉毛まゆげ 마유게

- □ まつ毛げ 마쯔게 [명] 속눈썹

- □ 二重ふたえまぶた 후따에 마부따 [명] 쌍꺼풀

- □ 奥二重おくぶたえまぶた 오꾸부따에 마부따
  속쌍꺼풀

- □ 一重ひとえまぶた 히또에 마부따
  쌍꺼풀이 없는 눈

- □ 目め 메 [명] 눈

- □ 瞳ひとみ 히또미 [명] 눈동자

- □ 藪やぶに目め 야부니 메 덤불에도 눈

- □ 鼻はな 하나 몡 코

- □ てんぐ鼻ばな 텡구바나 몡 높은 코

- □ 団子鼻だんごばな 당고바나 몡 주먹코

- □ あぐら鼻ばな 아구라바나 몡 납작코

- □ 口くち 쿠찌 몡 입

- □ 唇くちびる 쿠찌비루 몡 입술

- □ 舌した 시따 몡 혀

- □ 歯は 하 몡 이, 치아

- □ 歯はぐき 하구끼 몡 잇몸

- □ 背せ 세 몡 키
  = 身長しんちょう 신쬬ー

- [ ] **背せが高たかい** 세가 타까이 키가 크다

- [ ] **背せが低ひくい** 세가 히꾸이 키가 작다

- [ ] **体重たいじゅう** 타이쥬- 명 체중, 몸무게

- [ ] **体重計たいじゅうけい** 타이쥬-께- 명 체중계

- [ ] **太ふとる** 후또루 동 살찌다

- [ ] **肥満ひまん** 히망 명 비만

- [ ] **痩やせる** 야세루 동 여위다, 살이 빠지다

- [ ] **細ほそい** 호소이 형 마르다; 가늘다

- [ ] **痩やせ肉じし** 야세지시 마른 체격

- [ ] **スリムだ** 스리무다 형동 슬림하다, 날씬하다
  = **スレンダーだ** 스렌다-다

- [ ] **肌はだ** 하다 명 피부

- □ **脂性肌**しせいはだ 시세-하다 지성 피부
  - = **オイリー肌**はだ 오이리-하다
  - = **オイルスキン** 오이루스킹

- □ **荒**あれ**肌**はだ 아레하다 건성 피부, 거친 피부
  - = **乾燥肌**かんそうはだ 칸소-하다
  - = **ドライスキン** 도라이스킹

- □ **敏感肌**びんかんはだ 빈깡하다 민감성 피부

- □ **顔色**かおいろ 카오이로 몡 안색; 표정

- □ **しわ** 시와 몡 주름

- □ **たるみ** 타루미 몡 피부 처짐

- □ **えくぼ** 에꾸보 몡 보조개

- □ **ニキビ** 니키비 몡 여드름, 뾰루지
  - = **吹**ふ**き出物**でもの 후끼데모노
  - = **できもの** 데끼모노

- □ そばかす 소바까스 몡 주근깨

- □ ほくろ 호꾸로 몡 점

- □ 毛穴けあな 케아나 몡 모공

- □ ふけ 후께 몡 비듬

- □ ひげ 히게 몡 수염

- □ 口くちひげ 쿠찌히게 몡 콧수염

- □ あごひげ 아고히게 몡 턱수염

- □ 剃そる 소루 동 면도하다

- □ 外見がいけん 가이껭 몡 외모

- □ 素敵すてきだ 스떼끼다 형동 아주 멋지다, 매우 근사하다

- □ 素晴すばらしい 스바라시- 형 훌륭하다, 멋지다

- □ かっこいい 칵꼬이- 형 근사하다, 멋있다

- □ ハンサムだ 한사무다 형동 핸섬하다, 미남이다

- □ イケメン 이케멩 꽃미남

- □ 美うつくしい 우쯔꾸시- 형 아름답다, 예쁘다

- □ 美人びじん 비징 명 미인

- □ きれいだ 키레-다 형동 곱다, 아름답다; 깨끗하다

- □ 可愛かわいい 카와이- 형 귀엽다; 사랑스럽다

- □ 上品じょうひんだ 죠-힝다 형동 기품 있다, 우아하다
  = 優雅ゆうがだ 유-가다

- □ 凛々りりしい 리리시- [형] 늠름하다, 당당하다
  = たくましい 타꾸마시-

- □ 偉えらい 에라이 [형] 훌륭하다, (신분이나 직분이) 높다

- □ 立派りっぱだ 립빠다 [형동] 훌륭하다

- □ 下品げひんだ 게힌다 [형동] 천박하다

- □ 派手はでだ 하데다 [형동] 화려하다

- □ 色いろっぽい 이롭뽀이 [형] 요염하다

- □ セクシーだ 세쿠시-다 [형동] 섹시하다

- □ 魅力的みりょくてきだ 미료꾸떼끼다 [형동] 매력적이다

- □ 魅力みりょく 미료꾸 [명] 매력

- もてる 모떼루 [동] 인기가 있다

- 人気にんき 닝끼 [명] 인기

- 醜みにくい 미니꾸이 [형] 못생기다, 보기 싫다
  = ぶさいく 부사이꾸

ユニット 04. 기분 & 성격
気分・性格 키붕·세-까꾸

MP3. U04

□ **気分**きぶん 키붕 명 기분, 감정

□ **気持**きもち 키모찌 명 기분, 비위, 마음

□ **機嫌**きげん 키겡 명 기분, 상태

□ **心地**ここち 코꼬찌 명 기분, 느낌

□ **感**かんじ 칸지 명 느낌, 분위기

□ **気分**きぶん**がいい** 키붕가 이- 기분이 좋다, 마음이 좋다

□ **気持**きもち**がいい** 키모찌가 이- 상쾌하다, 기분이 좋다

□ **機嫌**きげん**がいい** 키겡가 이- 심신 상태가 좋다, 컨디션이 좋다

- 心地ここちいい 코꼬찌이- 편안하다

- 感かんじがいい 칸지가 이- 느낌이 좋다, 분위기가 좋다

- 気分きぶんが悪わるい 키붕가 와루이
  감정이 상하다, 속이 안 좋다

- 気持きもちが悪わるい 키모찌가 와루이
  기분이 나쁘다, 불쾌하다, 징그럽다

- 機嫌きげんが悪わるい 키겡가 와루이
  기분이 언짢다
  = 気分きぶんがすぐれない
  기붕가 스구레나이

- 感かんじが悪わるい 칸지가 와루이
  인상이 나쁘다, 느낌이 나쁘다

- 楽たのしい 타노시- [형] 즐겁다

- 楽たのしみ 타노시미 [명] 즐거움, 낙

- 嬉うれしい 우레시- 〔형〕 기쁘다

- 喜よろこぶ 요로꼬부 〔동〕 기뻐하다, 즐거워하다

- 喜よろこび 요로꼬비 〔명〕 기쁨
  = 嬉うれしさ 우레시사

- 面白おもしろい 오모시로이 〔형〕 재미있다

- 面白おもしろみ 오모시로미 〔명〕 재미, 흥미
  = 面白おもしろさ 오모시로사

- 興奮こうふんする 코-훈스루 〔동〕 흥분하다

- 興奮こうふん 코-훙 〔명〕 흥분

- 浮うき浮うき 우끼우끼
  〔부〕 신이 나서 들뜬 모양

- 笑わらう 와라우 〔동〕 웃다

- 笑わらい 와라이 〔명〕 웃음

- ほほ笑えむ 호호에무 [동] 미소짓다

- ほほ笑えみ 호호에미 [명] 미소

- 気きに入いる 키니 이루 마음에 들다

- 好すきだ 스끼다 [형동] 좋아하다

- 好すき 스끼 [명] 좋아함

- 嫌きらいだ 키라이다 [형동] 싫어하다

- 嫌きらい 키라이 [명] 싫어함

- 嫌いやだ 이야다 [형동] 싫다

- 嫌いや 이야 [명] 싫음

- 好すき嫌きらい 스끼끼라이
  [명] 좋아함과 싫어함; 호불호(好不好)

- 落おち着つく 오찌쯔꾸 [동] 안정되다;
  침착하다

- ほっとする 홋또스루 [동] 한숨 놓다, 안심하다

- 安心あんしん 안싱 [명] 안심

- 安心あんしんする 안신스루 [동] 안심되다

- 一安心ひとあんしんする 히또안신스루 [동] 한시름 놓다

- 満足まんぞくだ 만조꾸다 [형] 만족하다

- 満足まんぞく 만조꾸 [명] 만족

- 幸しあわせだ 시아와세다 [형] 행복하다

- 幸しあわせ 시아와세 [명] 행복

- 欲ほしい 호시- [형] 바라다, 가지고 싶다, ~하고 싶다

- 願ねがう 네가우 [동] 빌다, 원하다

- 悲かなしい 카나시- 형 슬프다

- 悲かなしみ 카나시미 명 슬픔, 비애

- 憂鬱ゆううつ 유-우쯔 명 우울
  = うつ 우쯔

- うつ病びょう 우쯔뵤- 명 우울증

- めいる 메이루 동 기가[풀이] 죽다, 우울해지다

- 苦くるしい 쿠루시- 형 괴롭다, 고통스럽다
  = 辛つらい 츠라이

- 苦痛くつう 쿠쯔- 명 고통

- 悩なやましい 나야마시- 형 고민되다

- 悩なやみ 나야미 명 고민

- 寂さびしい 사비시- 형 쓸쓸하다, 적적하다, 외롭다

- □ 寂さびしがり屋や 사비시가리야
  [명] 외로움을 많이 타는 사람

- □ 情なさけない 나사께나이 [형] 한심하다; 비참하다

- □ 憎にくい 니꾸이 [형] 밉다

- □ 憎にくしみ 닉시미 [명] 미움, 증오

- □ 絶望的ぜつぼうてきだ 제쯔보-떼끼다
  [형동] 절망적이다

- □ 失望しつぼう 시쯔보- [명] 실망

- □ 失望しつぼうする 시쯔보-스루 [동] 실망하다
  = がっかりする 각까리스루

- □ がっかり 각까리 [부] 실망[낙담]하는 모양

- □ 悔くやしい 쿠야시- [형] 분하다, 억울하다; 속상하다

- **怒おこる** 오꼬루 [동] 화내다, 성내다
  = **腹はら(が)立たつ** 하라(가) 타쯔

- **怒いかり** 이까리 [명] 화남, 분노

- **不愉快ふゆかい** 후유까이 [명] 불쾌

- **苦苦にがにがしい** 니가니가시- [형] 대단히 불쾌하다

- **恥はずかしい** 하즈까시- [형] 부끄럽다, 창피하다

- **恥はじ** 하지 [명] 부끄러움, 수치, 치욕

- **恥はずかしがり屋や** 하즈까시가리야 [명] 부끄러움을 잘 타는 사람
  = **はにかみ屋や** 하니까미야

- **不安ふあんだ** 후안다 [형동] 불안하다

- ☐ **くよくよ** 쿠요꾸요
  - 부 사소한 일을 늘 걱정하는 모양; 끙끙

- ☐ **イラ立だつ** 이라다쯔 동 초조해하다, 짜증 나다
  - = **むしゃくしゃする** 무샤꾸샤스루

- ☐ **焦あせる** 아세루 동 안달하다, 초조하게 굴다, 긴장하다

- ☐ **いらいら** 이라이라 부 초조한 모양

- ☐ **怖こわい** 코와이 형 무섭다, 두렵다
  - = **恐おそろしい** 오소로시-

- ☐ **恐怖きょうふ** 쿄-후 명 공포

- ☐ **臆病者おくびょうもの** 오꾸뵤-모노 명 겁쟁이

- ☐ **うんざりだ** 운자리다 형동 넌더리 나다, 지겹다

- 飽あきる 아끼루 동 싫증 나다

- めんどうくさい 멘도-꾸사이
  형 아주 귀찮다, 매우 성가시다

- 手数てすうをかける 테스-오 카께루
  번거롭게 하다

- 迷惑めいわくをかける 메-와꾸오 카께루
  민폐를 끼치다

- 性格せいかく 세-까꾸 명 성격

- 人柄ひとがら 히또가라 명 인품, 성품

- 親切しんせつだ 신세쯔다 형동 친절하다

- 素直すなおだ 스나오다 형동 순수하다, 솔직하다

- 正直しょうじきだ 쇼-지끼다 형동 정직하다

- やさしい 야사시- 형 자상하다, 친절하다

- □ **おとなしい** 오또나시- 〔형〕 얌전하다, 온순하다

- □ **落おち着ついている** 오찌쯔이떼 이루
  〔동〕 점잖다, 얌전하다

- □ **真面目まじめだ** 마지메다 〔형동〕 착실하다, 성실하다

- □ **人情味にんじょうみあふれる**
  닌죠-미 아후레루 인정이 많다, 인심이 후하다

- □ **情じょうに厚あつい** 죠-니 아쯔이
  인심이 후하다, 정이 두텁다

- □ **情なさけ深ぶかい** 나사께부까이
  〔형〕 인정이 많다

- □ **明あかるい** 아까루이 〔형〕 밝다, 명랑하다
  = **陽気ようきだ** 요-끼다 〔형동〕
  = **朗ほがらかだ** 호가라까다 〔형동〕

- のんきだ 농끼다 [형동] 낙천적이다, 무사태평이다

- おおらかだ 오오라까다 [형동] 태평하다

- のんびりや 놈비리야 [명] 느긋한 사람

- 気きさくだ 키사꾸다 [형동] 싹싹하다

- サバサバしている 사바사바시떼 이루 [동] (성격이) 시원시원하다

- 愛嬌あいきょうのある 아이꾜-노 아루 애교 있다

- 人懐ひとなつこい 히또나쯔꼬이 [형] 붙임성 있다, 사람을 잘 따르다

- 几帳面きちょうめんだ 키쪼-멘다 [형동] 꼼꼼하다

- □ **積極的**せっきょくてきだ 섹꾜꾸떼끼다
  [형동] 적극적이다

- □ **消極的**しょうきょくてきだ 쇼−꾜꾸떼끼다
  [형동] 소극적이다

- □ **外向的**がいこうてきだ 가이꼬−떼끼다
  [형동] 외향적이다

- □ **内向的**ないこうてきだ 나이꼬−떼끼다
  [형동] 내향적이다

- □ **インドア派**は 인도아하
  인도어파(집안에서 지내기 좋아하는 사람)

- □ **アウトドア派**は 아우토도아하
  아웃도어파(밖에서 활동하기 좋아하는 사람)

- □ **楽天的**らくてんてきだ 라꾸뗑떼끼다
  [형동] 낙천적이다

- **活動的**かつどうてきだ 카쯔도-떼끼다
  [형동] 활동적이다

- **人見知**ひとみしり 히또미시리 [명] 낯가림

- **友好的**ゆうこうてきだ 유-꼬-떼끼다
  [형동] 우호적이다

- **社交的**しゃこうてきだ 샤꼬-떼끼다
  [형동] 사교적이다

- **いい** 이- [형] 좋다, 훌륭하다
  = **よい** 요이

- **悪**わるい 와루이 [형] 나쁘다, 못되다

- **がらが悪**わるい 가라가 와루이 질이 나쁘다

- **不良**ふりょう 후료- [명] 불량아
  = **ヤンキー** 양키-

- **前向**まえむきだ 마에무끼다 [형동] 긍정적이다

- □ ポジティブ 포지티부 명 긍정적

- □ プラス思考しこう 푸라스 시꼬-
  명 긍정적 사고

- □ 否定的ひていてきだ 히떼-떼끼다
  형동 부정적이다

- ネガティブ 네가티부 명 부정적

- 悲観的ひかんてきだ 히깡떼끼다
  형동 비관적이다

- □ 無口むくちだ 무꾸찌다 형동 말수가 적다, 과묵하다
  = 寡黙かもくだ 카모꾸다

- 慎重しんちょうだ 싱쬬-다 형동 신중하다

- □ 優柔不断ゆうじゅうふだんだ 유-쥬-후단다
  형동 우유부단하다

- **優柔不断**ゆうじゅうふだん 유-쥬-후당
  - 몡 우유부단

- **流**なが**されやすい** 나가사레야스이
  - 형 귀가 얇다

- **大人**おとな**っぽい** 오또납뽀이
  - 형 어른스럽다

- **子供**こども**っぽい** 코도몹뽀이
  - 형 어린아이 같다, 유치하다

- **神経質**しんけいしつだ 싱께-시쯔다
  - 형동 신경질적이다

- **気難**きむずか**しい** 키무즈까시-
  - 형 성미가 까다롭다

- **偉**えら**そうだ** 에라소-다 형동 잘난체하다, 거만하다

- □ **頑固**がんこだ 강꼬다 [형동] 완고하다, 고집스럽다

- □ **いじっぱり** 이집빠리 [명] 고집쟁이

- □ **自分勝手**じぶんかってだ 지붕깟떼다
  [형동] 이기적이다, 제멋대로 굴다
  = **わがままだ** 와가마마다

- □ **けちだ** 케찌다 [형동] 쩨쩨하다, 인색하다

- □ **短気**たんきだ 탕끼다 [형동] 성질이 급하다

- □ **せっかちだ** 섹까찌다 [형동] 성급하다

- □ **そそっかしい** 소속까시- [형] 경솔하다, 덜렁대다

- □ **がんばり屋**や 감바리야
  [명] 끝까지 잘 버티는 사람

- **引ひきこもり** 히끼꼬모리
  명 방에 틀어박혀 있는 사람

- **変かわり者もの** 카와리모노 명 특이한 사람, 이상한 사람

ユニット 05. 사랑
愛 아이

MP3. U05

□ 愛あい 아이 명 사랑

□ 愛あいする 아이스루 동 사랑하다

□ 愛あいし合あう 아이시아우 서로 사랑하다

□ 恋こい 코이 명 (남녀 간의) 사랑, 연애

□ 恋こいする 코이스루 동 연애하다, (이성을) 사랑하다

□ 恋こいに落おちる 코이니 오찌루
(남녀 간의) 사랑에 빠지다

□ 初恋はつこい 하쯔꼬이 명 첫사랑

□ 会あう 아우 동 만나다, 조우하다

- □ **出会であう** 데아우 동 우연히 만나다, 마주치다
  - = **遭遇そうぐうする** 소-구-스루
  - = **鉢合はちあわせする** 하찌아와세스루

- □ **付つき合あう** 츠끼아우 동 교제하다, 사귀다; 함께하다

- □ **交際こうさい** 코-사이 명 교제

- □ **合ごうコン** 고-꽁 명 (단체) 미팅

- □ **お見合みあい** 오미아이 명 맞선

- □ **デート** 데-토 명 데이트

- □ **理想りそうのタイプ** 리소-노 타이푸 명 이상형

- □ **好すきなタイプ** 스끼나 타이푸 좋아하는 스타일

- □ **気が合う** 키가 아우 마음이 맞다, 취향이 맞다

- □ **気になる** 키니 나루 관심이 가다, 신경 쓰이다, 궁금하다

- □ **気に入る** 키니 이루 마음에 들다

- □ **気にくわない** 키니 꾸와나이 못마땅하다, 거슬리다

- □ **相性** あいしょう 아이쇼- [명] 궁합

- □ **相性占** あいしょううらない 아이쇼-우라나이 [명] 궁합(점)

- □ **好きだ** 스끼다 [형동] 좋아하다, 좋다

- □ **大好きだ** 다이스끼다 [형동] 매우 좋아하다

- □ **恋人** こいびと 코이비또 [명] 연인, 애인

- ☐ **恋人同士**こいびとどうし 코이비또도–시
  연인 사이

- ☐ **愛人**あいじん 아이징 명 (불륜 관계의) 애인

- ☐ **彼氏**かれし 카레시 명 그이,
  연인[애인]인 남성, 남자 친구

- ☐ **ボーイフレンド** 보–이후렌도
  명 남자 친구

- ☐ **彼女**かのじょ 카노죠 명 연인[애인]인 여성,
  여자 친구

- ☐ **ガールフレンド** 가–루후렌도
  명 여자 친구

- ☐ **知**し**り合**あ**い** 시리아이 명 아는 사이, 지인
  = **知人**ちじん 치징

- ☐ **魅力**みりょく 미료꾸 명 매력

□ 愛あいらしい 아이라시- 형 사랑스럽다
  = 愛あいくるしい 아이꾸루시-
  = 愛いとしい 이또시-

□ 懐なつかしい 나쯔까시- 형 그립다; 반갑다

□ 口説くどく 쿠도꾸 동 구애하다, 꾀다

□ 軟派なんぱ 남빠 명 낌

  (놀기 위해서 거리에서 이성에 접근하여 유혹하는 일)

□ 軟派なんぱする 남빠스루 동 꾀다

□ ウィンク 윙쿠 명 윙크

□ スキンシップ 스킨십푸 명 스킨십

□ 抱だく 다꾸 동 안다; (이성과) 동침하다

□ キス 키스 명 키스, 입맞춤
  = 口付くちづけ 쿠찌즈께

- □ **チューする** 츄-스루 동 뽀뽀하다

- □ **惚ほれる** 호레루 동 (이성에게) 반하다

- □ **一目ひとめ惚ぼれする** 히또메보레스루
  동 한눈에 반하다

- □ **あばたもえくぼ** 아바따모 에꾸보
  마마 자국도 보조개로 보인다

- □ **お似合にあい** 오니아이 잘 어울림

- □ **釣つり合あう** 츠리아우 동 어울리다, 걸맞다

- □ **カップル** 캅푸루 명 커플

- □ **片思かたおもい** 카따오모이 명 짝사랑

- □ **両思りょうおもい** 료-오모이
  명 서로 사모하고 사랑함
  = **両想りょうおもい** 료-오모이

- 恋煩こいわずらい 코이와즈라이 명 상사병

- 関係かんけい 캉께- 명 관계

- 嫉妬しっと 싯또 명 질투

- トラブル 토라부루 명 트러블; 말썽; 고장

- ごまかす 고마까스 동 속이다; 얼버무리다

- 嘘うそ 우소 명 거짓말

- 嘘うそつき 우소쯔끼 명 거짓말쟁이

- 言いい訳わけ 이-와께 명 핑계, 변명

- すっぽかす 습뽀까스 동 어기다
  (해야 할 일·약속 따위를 하지 않고 제쳐놓다)

- ドタキャン 도타캉
  명 (이행 시간 직전의) 약속 파기

- **浮気うわき(を)する** 우와끼(오) 스루
  동 바람(을) 피우다

- **浮気者うわきもの** 우와끼모노 명 바람둥이

- **二股ふたまたをかける** 후따마따오 카께루
  양다리를 걸치다

- **すがる** 스가루 동 매달리다; 의지하다

- **裏切うらぎる** 우라기루 동 배신하다

- **裏切うらぎられる** 우라기라레루
  동 배신당하다

- **別わかれる** 와까레루 동 헤어지다, 이별하다

- **別わかれ** 와까레 명 이별

- **振ふる** 후루 동 퇴짜 놓다, 차다

- **振ふられる** 후라레루 동 차이다, 버림 받다

- 失恋しつれんする 시쯔렌스루 [동] 실연당하다

- 忘わすれる 와스레루 [동] 잊다

- 落おち込こむ 오찌꼬무 [동] 절망하다, 우울하다
  = 凹へこむ 헤꼬무

- 立たち直なおる 타찌나오루
  [동] 다시 일어서다, 이겨내다

- やり直なおす 야리나오스 [동] 다시 (시작)하다

- 独身どくしん 독싱 [명] 싱글, 미혼, 독신
  = シングル 싱구루

- 未婚者みこんしゃ 미꼰샤 [명] 미혼자

- 既婚きこん 키꽁 [명] 기혼

- 既婚者きこんしゃ 키꼰샤 [명] 기혼자

- □ 婚約 こんやく 콩야꾸 몡 약혼

- □ 婚約者 こんやくしゃ 콩야꾸샤 몡 약혼자
  = フィアンセ 휘앙세

- □ プロポーズ 프로포-즈 몡 프러포즈, 청혼
  = 求婚 きゅうこん 큐-꽁

- □ 結婚 けっこん 켁꽁 몡 결혼

- □ 恋愛結婚 れんあいけっこん 렝아이 켁꽁
  몡 연애 결혼

- □ 見合みあい結婚けっこん 미아이 켁꽁
  몡 중매 결혼

- □ できちゃった結婚けっこん 데끼쨛따 켁꽁
  몡 속도 위반 결혼

- □ 結婚式 けっこんしき 켁꼰시끼 몡 결혼식

- □ 挙式 きょしき 쿄시끼 몡 거식; 결혼식

- □ **嫁**よめ**をもらう** 요메오 모라우 장가들다

- □ **嫁**とつぐ 토쯔구 [동] 시집가다
  = **嫁**よめ**に行**いく 요메니 이꾸

- □ **日取**ひどり 히도리 [명] 택일

- □ **招待状**しょうたいじょう 쇼-따이죠-
  [명] 청첩장

- □ **結婚指輪**けっこんゆびわ 켁꽁유비와
  [명] 결혼 반지

- □ **ウェディングドレス** 웨딩구도레스
  [명] 웨딩드레스

- □ **ベール** 베-루 [명] 베일, 면사포

- □ **ブーケ** 부-케 [명] 부케

- □ **タキシード** 타키시-도 [명] 턱시도

- 披露宴ひろうえん 히로-엥 명 피로연

- 仲人なこうど 나꼬-도 명 중매인

- 花婿はなむこ 하나무꼬 명 신랑

- 新郎しんろう 신로- 명 신랑

- 花嫁はなよめ 하나요메 명 신부

- 新婦しんぷ 심뿌 명 신부

- 付つき添そい 츠끼소이 명 들러리

- お祝いわいの客きゃく 오이와이노 캬꾸
  명 하객

- 祝いわいの言葉ことば 이와이노 코또바
  축하의 말, 축사
  = 祝詞しゅくし 슈꾸시
  = 祝辞しゅくじ 슈꾸지

- 祝儀 しゅうぎ 슈-기 명 축의금

- 誓ちかう 치까우 동 맹세하다, 서약하다

- 祝いわう 이와우 동 축하하다, 축복하다

- おめでとうございます
  오메데또-고자이마스 감 축하합니다

- 結婚けっこん（の）（お）祝いわい
  켁꽁(노) (오)이와이 명 결혼 (축하) 선물

- 引出物 ひきでもの 히끼데모노 명 답례품
  (연회나 잔치 때 주인이 손님에게 내놓는 선물)

- めでたいこと 메데따이코또 축하할 일, 경사

- 祝福 しゅくふく 슈꾸후꾸 명 축복

- 記念日 きねんび 키넴비 명 기념일

- □ **新婚旅行**しんこんりょこう 싱꼰료꼬-
  圏 신혼여행, 허니문
  = **ハネムーン** 하네무-ㅇ

- □ **夫婦**ふうふ 후-후 圏 부부

- □ **連**つれ**合**あい 츠레아이 圏 배우자

- □ **舅**しゅうと 슈-또 圏 시아버지; 장인
  = **義理**ぎり**のお父**とう**さん** 기리노 오또-상

- □ **夫**おっと**の父**ちち 옷또노 치찌 시아버지

- □ **姑**しゅうとめ 슈-또메 圏 시어머니; 장모
  = **義理**ぎり**のお母**かあ**さん** 기리노 오까-상

- □ **夫**おっと**の母**はは 옷또노 하하 시어머니

- □ **義理**ぎり**の兄**あに 기리노 아니 圏 처남, 동서, 매형, 형부

- □ **義理**ぎり**の弟**おとうと 기리노 오또-또
  명 제부, 매제, 시동생

- □ **義理**ぎり**の姉**あね 기리노 아네 명 형수, 올케, 시누이

- □ **義理**ぎり**の妹**いもうと 기리노 이모-또
  명 제수, 올케, 시누이

- □ **妻**つま**の姉**あね 츠마노 아네 명 처형

- □ **妻**つま**の妹**いもうと 츠마노 이모-또 명 처제

- □ **妻**つま**の弟**おとうと 츠마노 오또-또 명 처남

- □ **兄嫁**あによめ 아니요메 명 형수, 올케

- □ **弟嫁**おとうとよめ 오또-또요메 명 제수, 올케

- □ **実家**じっか 직까 명 생가, 본가; 친정

- □ **夫**おっと**の実家**じっか 옷또노 직까 명 시댁

- □ **妻つまの実家**じっか 츠마노 직까 阌 처가

- □ **離婚**りこん 리꽁 阌 이혼

- □ **バツイチ** 바츠이치 阌 한 번 이혼한 적 있음

- □ **離婚届**りこんとどけ 리꼰또도께
  阌 이혼신청서

- □ **熟年離婚**じゅくねんりこん 쥬꾸넨리꽁
  황혼 이혼

- □ **再婚**さいこん 사이꽁 阌 재혼

- □ **別居**べっきょ 벡꾜 阌 별거

ユニット 06. 가족
家族 카조꾸

- □ 家族 かぞく 카조꾸 명 가족

- □ 両親 りょうしん 료-싱 명 양친, 부모

- □ 父 ちち 치찌 명 아버지

- □ お父とうさん 오또-상 명 아버지

- □ おやじ 오야지 명 아버지; 아저씨

- □ パパ 파파 명 아빠

- □ 母 はは 하하 명 어머니

- □ お母かあさん 오까-상 명 어머니
  = おふくろ 오후꾸로

- □ ママ 마마 명 엄마

- □ 似にる 니루 동 닮다

- 似にている 니떼 이루 닮았다

- そっくり 속꾸리 🟧부 꼭 닮음, 붕어빵

- お母かあさん似に 오카-산니 엄마 닮음

- お父とうさん似に 오또-산니 아빠 닮음

- 祖父母そふぼ 소후보 🟧명 조부모

- お祖父じいさん 오지-상 🟧명 할아버지; 외할아버지

- 祖父そふ 소후 🟧명 조부; 할아버지

- 母方ははかたの祖父そふ 하하까따노 소후 외할아버지
  = 外祖父がいそふ 가이소후

- お祖母ばあさん 오바-상 🟧명 할머니; 외할머니

- 祖母そぼ 소보 ᠃명᠃ 조모; 할머니

- 母方ははかたの祖母そぼ 하하까따노 소보
  ᠃명᠃ 외할머니
  = 外祖母がいそぼ 가이소보

- 兄弟きょうだい 쿄-다이 ᠃명᠃ 형제

- 兄あに 아니 ᠃명᠃ 형, 오빠
  = お兄にいさん 오니-상

- 弟おとうと 오또-또 ᠃명᠃ 남동생

- 姉妹しまい 시마이 ᠃명᠃ 자매

- 姉あね 아네 ᠃명᠃ 누나, 언니
  = お姉ねえさん 오네-상

- 妹いもうと 이모-또 ᠃명᠃ 여동생

- 子供こども 코도모 ᠃명᠃ 아이, 자녀; 어린이

- 息子 むすこ 무스꼬 명 아들

- 娘 むすめ 무스메 명 딸

- 双子 ふたご 후따고 명 쌍둥이
  = 双生児 そうせいじ 소-세-지

- 夫 おっと 옷또 명 남편

- 旦那 だんな 단나 명 남편; 주인

- 主人 しゅじん 슈징 명 남편, 가장

- 妻 つま 츠마 명 아내, 처
  = 家内 かない 카나이

- 奥 おくさん 옥상 명 부인, 아주머니

- 婿 むこ 무꼬 명 사위

- 入いり婿 むこ 이리무꼬 명 데릴사위

- 嫁よめ 요메 <u>명</u> 며느리
  - = お嫁よめさん 오요메상
  - = 息子むすこの嫁よめ 무스꼬노 요메

- 孫まご 마고 <u>명</u> 손자; 자손

- 孫娘まごむすめ 마고무스메 <u>명</u> 손녀

- 親戚しんせき 신세끼 <u>명</u> 친척

- おじさん 오지상 <u>명</u> 백부, 숙부; 아저씨

- おばさん 오바상 <u>명</u> 백모, 숙모; 아주머니

- いとこ 이또꼬 <u>명</u> 사촌

- おい 오이 <u>명</u> 남자 조카

- めい 메이 <u>명</u> 여자 조카

- 大人おとな 오또나 <u>명</u> 어른, 성인

- ☐ **年寄**としより 토시요리 _명 노인, 늙은이
  = **老人**ろうじん 로-징
  = **シニア** 시니아

- ☐ **若者**わかもの 와까모노 _명 청년, 젊은이
  = **青年**せいねん 세-넹

- ☐ **少年**しょうねん 쇼-넹 _명 소년

- ☐ **少女**しょうじょ 쇼-죠 _명 소녀

- ☐ **赤**あか**ちゃん** 아까쨩 _명 아기
  = **ベビー** 베비-

- ☐ **年**とし**(を)取**とる 토시(오) 토루
  나이(가) 들다, 나이(를) 먹다; 늙다

- ☐ **おいる** 오이루 _동 늙다

- ☐ **若**わか**い** 와까이 _형 젊다; 어리다

- ☐ **妊娠**にんしん 닌싱 _명 임신

- □ 妊産婦 にんさんぷ 닌삼뿌 _명 임산부

- □ つわり 츠와리 _명 입덧

- □ 出産 しゅっさん 슛상 _명 출산, 분만

- □ 出産予定日 しゅっさんよていび 슛상 요떼-비
출산예정일

- □ 流産 りゅうざん 류-장 _명 유산

- □ 授乳 じゅにゅう 쥬뉴- _명 수유

- □ 母乳 ぼにゅう 보뉴- _명 모유

- □ 粉こなミルク 코나미르쿠 _명 분유

- □ 離乳食 りにゅうしょく 리뉴-쇼꾸 _명 이유식

- □ 哺乳瓶 ぼにゅうびん 보뉴-빙 _명 젖병

- □ おむつ 오무쯔 _명 기저귀

- □ おむつ替がえをする 오무쯔가에오 스루
  기저귀를 갈다
  = おむつを取とり替かえる
  오무쯔오 토리까에루

- □ おむつを外はずす 오무쯔오 하즈스
  기저귀를 떼다

- □ 育そだてる 소다떼루 동 키우다, 기르다, 양육하다

- □ 面倒めんどうを見みる 멘도-오 미루
  돌보다, 보살피다

- □ あやす 아야스 동 어르다, 달래다

- □ 保母ほぼ 호보 명 보모

- □ 乳母うば 우바 명 유모

- □ ベビーシッター 베비-싯타-
  명 베이비시터

- 保育士 ほいくし 호이꾸시 몡 보육교사

- ベビーカー 베비-카- 몡 유모차

- ベビーベッド 베비-벳도 몡 아기 침대

- ベビーシート 베비-시-토
  몡 아기용 카시트

- チャイルドシート 챠이루도시-토
  몡 유아용 카시트

- ブースター 부-스타- 몡 부스터 카시트

- 養子 ようし 요-시 몡 양자

06

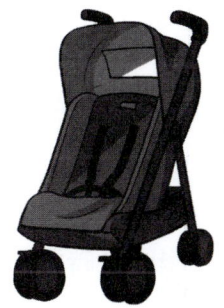

ユニット 07. 시간 & 날짜
時間・日付 지깡·히즈께

MP3. U07

□ **時間** じかん 지깡 명 시간, 때; 시간(시간의 양)

□ **時** とき 토끼 명 때

□ **時** じ 지 명 시

□ **分** ふん/ぷん 훙/뿡 명 분(시간이나 각도의 단위)

□ **秒** びょう 뵤- 명 초(시간의 단위)

□ **半** はん 항 명 반; 30분

□ **時計** とけい 토께- 명 시계

□ **腕時計** うでどけい 우데도께- 명 손목시계

□ **柱時計** はしらどけい 하시라도께-
  명 괘종시계; 벽시계
  = **掛か け時計** どけい 카께도께-

- 目覚めざまし時計どけい 메자마시도께-
  명 알람 시계, 자명종
  = アラーム 아라-무
  = 目覚めざまし 메자마시

- 早はやい 하야이 형 (시간이) 빠르다, 이르다

- 速はやい 하야이 형 (속도가) 빠르다, 이르다

- 遅おそい 오소이 형 늦다, 느리다

- 午前ごぜん 고젱 명 오전

- 午後ごご 고고 명 오후
  = 昼過ひるすぎ 히루스기

- 一日中いちにちじゅう 이찌니찌쥬-
  명 하루종일

- 夜明よあけ 요아께 명 새벽, 새벽녘
  = 明あけ方がた 아께가따
  = 未明みめい 미메-

- 夜よが明あける 요가 아께루 날이 새다

- 朝あさ 아사 명 아침, 오전

- 今朝けさ 케사 명 오늘 아침

- 昼ひる 히루 명 낮, 한낮

- 昼間ひるま 히루마 명 주간, 낮 동안

- 夕方ゆうがた 유-가따 명 저녁때, 해질녘
  = 夕暮ゆうぐれ 유-구레

- 晩ばん 방 명 저녁, 밤

- 夜よる 요루 명 밤

- 夜間やかん 야깡 명 야간

- 夜中よなか 요나까 명 한밤중

- 昨夜ゆうべ 유-베 명 어젯밤

- 起おきる 오끼루 [동] 일어나다, 기상하다
  = 起おき上あがる 오끼아가루

- 目めが覚さめる 메가 사메루 눈 뜨다, 잠을 깨다

- 寝坊ねぼうする 네보-스루 [동] 늦잠 자다
  = 寝過ねすごす 네스고스
  = 寝過ねすぎる 네스기루

- 寝坊ねぼう 네보- [명] 늦잠꾸러기; 늦잠을 잠
  = 朝寝坊あさねぼう 아사네보-

- 洗あらう 아라우 [동] 씻다

- 顔かおを洗あらう 카오오 아라우 세수하다
  = 洗顔せんがんする 셍강스루

- 洗顔せんがんフォーム 셍강호-무 세안제

- 洗面台せんめんだい 셈멘다이 [명] 세면대

- 歯はを磨みがく 하오 미가꾸 이를 닦다

- □ 髪かみを洗あらう 카미오 아라우 머리를 감다
  = 頭あたまを洗あらう 아따마오 아라우
  = シャンプーする 샴푸-스루

- □ シャワー 샤와- 명 샤워

- □ シャワーを浴あびる 샤와-오 아비루
  샤워하다

- □ 風呂ふろ 후로 명 목욕, 목욕통, 목욕탕

- □ お風呂ふろに入はいる 오후로니 하이루
  목욕하다

- □ 食たべる 타베루 동 먹다

- □ 食事しょくじ 쇼꾸지 명 식사

- □ 朝あさご飯はん 아사고항 명 아침 식사, 아침
  = 朝食ちょうしょく 쵸-쇼꾸
  = 朝飯あさめし 아사메시

- 昼ひるご飯はん 히루고항 몡 점심 식사, 점심
  - = お昼ひる 오히루
  - = 昼飯ひるめし 히루메시
  - = 昼食ちゅうしょく 츄-쇼꾸

- 晩ばんご飯はん 방고항 몡 저녁 식사, 저녁
  - = 夕食ゆうしょく 유-쇼꾸
  - = お夕飯ゆうはん 오유-항

- 夕食ゆうしょくをとる 유-쇼꾸오 토루
  관 저녁밥을 먹다

- おやつ 오야쯔 몡 간식(주로 오후에 먹는 간식)

- 寝ねる 네루 동 자다, 잠자다
  - = 眠ねむる 네무루

- 眠ねむり 네무리 몡 잠

- 昼寝ひるね 히루네 몡 낮잠

□ 眠ねむい 네무이 〖형〗 졸리다
 = 眠ねむたい 네무따이

□ 居眠いねむりする 이네무리스루 〖동〗 졸다

□ うとうとする 우또우또스루
 〖동〗 꾸벅꾸벅 졸다

□ 夜更よふかし 요후까시 〖명〗 밤새움, 철야
 = 徹夜てつや 테쯔야

□ 不眠症ふみんしょう 후민쇼- 〖명〗 불면증

□ 寝ねぼける 네보께루 〖동〗 잠이 덜 깨어
 어리둥절하다

□ 寝ねぼけ 네보께 〖명〗 잠이 덜 깬 상태

□ 寝言ねごとを言いう 네고또오 이우
 잠꼬대를 하다

□ いびきをかく 이비끼오 카꾸 코를 골다

- 夢ゆめ 유메 [명] 꿈

- 夢ゆめ(を)見みる 유메(오) 미루 꿈꾸다

- 悪夢あくむ 아꾸무 [명] 악몽

- 日にち 니찌 [명] 일

- 日ひ 히 [명] 해; 날

- 日ひにち 히니찌 [명] 날짜, 기일, 날수

- 日々ひび 히비 나날, 하루하루

- 週しゅう 슈- [명] 주
 = ウイーク 우이-쿠

- ゴールデンウイーク 고-루뎅우이-쿠
 [명] 골든 위크

- シルバーウイーク 시루바-우이-쿠
 [명] 실버 위크

- ☐ **月**がつ 가쯔 _명 월

- ☐ **ヶ月**かげつ 카게쯔 _명 개월
  = **か月**げつ 카게쯔

- ☐ **年**ねん 넹 _명 해, 년

- ☐ **年**とし 토시 _명 해; 나이

- ☐ **カレンダー** 카렌다- _명 달력

- ☐ **平日**へいじつ 헤-지쯔 _명 평일

- ☐ **休**やすみ 야스미 _명 휴일, 쉼

- ☐ **休日**きゅうじつ 큐-지쯔 _명 휴일

- ☐ **公休日**こうきゅうび 코-뀨-비 _명 공휴일

- ☐ **振替休日**ふりかえきゅうじつ 후리까에뀨-지쯔
  _명 대체 휴일

- □ **祝日**しゅくじつ 슈꾸지쯔
  - 명 (나라에서 정한) 경축일, 공휴일
  - = **祭日**さいじつ 사이지쯔

- □ **国民**こくみん**の祝日**しゅくじつ
  코꾸민노 슈꾸지쯔 국경일

- □ **祭**まつり 마쯔리 명 축제, 잔치

- □ **大晦日**おおみそか 오오미소까 명 섣달 그믐날

- □ **年越**としこ**し蕎麦**そば 토시꼬시소바
  - 명 섣달 그믐날 밤에 먹는 메밀국수

- □ **(お)正月**しょうがつ (오)쇼-가쯔
  - 명 설날(양력 1월 1일)
  - = **元日**がんじつ 간지쯔
  - = **元旦**がんたん 간땅

- □ **おせち料理**りょうり 오세찌료-리
  - 명 설 음식

- **初詣**はつもうで 하쯔모-데 [명] 정월의 첫 참배

- **新年**しんねん、**明**あけましておめでとうございます。

  신넹, 아께마시떼 오메데또- 고자이마스

  새해 복 많이 받으세요.

  (신년을 맞이하여 축하 드립니다.)

- **成人**せいじん**の日**ひ 세-진노 히

  [명] 성인의 날

- **節分**せつぶん**の日**ひ 세쯔분노 히 [명] 절분

- **ひなまつり** 히나마쯔리

  [명] 히나마쓰리(여자 어린이날)

- **端午**たんご**の節句**せっく 탄고노 섹꾸

  [명] 단오절(양력 5월 5일)

- **子供**こども**の日**ひ 코도모노 히 [명] 어린이날

- **お盆**ぼん 오봉 [명] 오봉(양력 8월 15일 전후)

- □ **盆踊**ぼんおどり 봉오도리
  - 명 오봉 축제 때 추는 춤

- □ **花見**はなみ 하나미 명 꽃구경, 꽃놀이

- □ **桜**さくら 사꾸라 명 벚꽃

- □ **七夕**たなばた**まつり** 타나바따 마쯔리
  - 명 칠석제

- □ **花火大会**はなびたいかい 하나비 타이까이
  - 명 불꽃놀이 대회

- □ **浴衣**ゆかた 유까따 명 유카타

- □ **月見**つきみ 츠끼미 명 달구경
  - = **観月**かんげつ 캉게쯔

- □ **バレンタインデー** 바렌타인데-
  - 명 밸런타인 데이

- □ **チョコレート** 쵸코레-토 명 초콜릿

- ☐ **本命**ほんめい**チョコ** 혼메-쵸코
  몡 (여성이 좋아하는 남성에게 진심을 담아 주는) 진짜 초콜릿

- ☐ **義理**ぎり**チョコ** 기리쵸코
  몡 (친구나 동료에게 그냥 의리상 주는) 의리 초콜릿

- ☐ **ホワイトデー** 호와이토데- 몡 화이트데이

- ☐ **キャンディ** 캰디 몡 사탕

- ☐ **母**はは**の日**ひ 하하노 히 몡 어머니날

- ☐ **父**ちち**の日**ひ 치찌노 히 몡 아버지날

- ☐ **ハロウィーン** 하로위-ㅇ 몡 핼러윈

- ☐ **クリスマス** 쿠리스마스 몡 크리스마스

- ☐ **年末年始**ねんまつねんし 넴마쯔넨시
  연말연시

- 忘年会 ぼうねんかい 보-넨까이 [명] 송년회
- 新年会 しんねんかい 신넨까이 [명] 신년회
- 記念日 きねんび 키넴비 [명] 기념일
- 誕生日 たんじょうび 탄죠-비 [명] 생일
- 月曜日 げつようび 게쯔요-비 [명] 월요일
- 火曜日 かようび 카요-비 [명] 화요일
- 水曜日 すいようび 스이요-비 [명] 수요일
- 木曜日 もくようび 모꾸요-비 [명] 목요일
- 金曜日 きんようび 킹요-비 [명] 금요일
- 土曜日 どようび 도요-비 [명] 토요일
- 日曜日 にちようび 니찌요-비 [명] 일요일
- 週末 しゅうまつ 슈-마쯔 [명] 주말

- ☐ **今日**きょう 쿄- 명 오늘

- ☐ **今日**こんにち 콘니찌 명 오늘날, 요즘; 오늘

- ☐ **昨日**きのう/さくじつ 키노-/사꾸지쯔 명 어제

- ☐ **一昨日**おととい/いっさくじつ
  오또또이/잇사꾸지쯔 명 그저께
  = **先先日**せんせんじつ 센센지쯔

- ☐ **明日**あした/あす/みょうにち
  아시따/아스/묘-니찌 명 내일

- ☐ **あさって** 아삿떼 명 모레

- ☐ **しあさって** 시아삿떼 명 글피

- ☐ **本日**ほんじつ 혼지쯔 명 금일, 오늘

- ☐ **先日**せんじつ 센지쯔 명 일전, 요전날

- ☐ **翌日**よくじつ 요꾸지쯔 명 익일, 다음 날

- □ **今週**こんしゅう 콘슈- 몡 이번 주

- □ **先週**せんしゅう 센슈- 몡 지난주

- □ **来週**らいしゅう 라이슈- 몡 다음 주

- □ **今月**こんげつ 콩게쯔 몡 금월, 이달
  = **本月**ほんげつ 홍게쯔

- □ **先月**せんげつ 셍게쯔 몡 지난달

- □ **来月**らいげつ 라이게쯔 몡 다음 달

- □ **今年**ことし 코또시 몡 올해, 금년

- □ **去年**きょねん 쿄넹 몡 지난해, 작년
  = **昨年**さくねん 사꾸넹

- □ **来年**らいねん 라이넹 몡 내년, 다음 해

- □ **毎年**まいとし 마이또시 몡 매년, 해마다

- □ **世紀**せいき 세-끼 몡 세기

- 期間 きかん 키깡 [명] 기간

- 期限 きげん 키겐 [명] 기한

- 最近 さいきん 사이낑 [명] 최근

- この頃 ごろ 코노고로 [명] 요즘

- 近頃 ちかごろ 치까고로 [명] 최근, 근래

- 現在 げんざい 겐자이 [명] 현재

- 過去 かこ 카꼬 [명] 과거

- 未来 みらい 미라이 [명] 미래

07

ユニット 08. 날씨 & 계절
天気・季節 텡끼·키세쯔

MP3. U08

☐ **天気** てんき 텡끼 몡 날씨, 일기

☐ **天気予報** てんきよほう 텡끼요호-
   몡 일기예보

☐ **気象庁** きしょうちょう 키쇼-쪼- 몡 기상청

☐ **日和** ひより/びより 히요리/비요리
   ~하기에 좋은 날씨

☐ **行楽日和** こうらくびより 코-라꾸비요리
   행락에 좋은 날씨

☐ **洗濯日和** せんたくびより 센따꾸비요리
   빨래하기에 좋은 날씨

☐ **晴**はれる 하레루 동 (하늘이) 개다, 맑다

☐ **晴**はれ 하레 몡 맑음

- 曇くもる 쿠모루 동 흐리다, 흐려지다

- 曇くもり 쿠모리 명 흐림

- 暖あたたかい 아따따까이 형 따뜻하다

- 暑あつい 아쯔이 형 덥다

- 寒さむい 사무이 형 춥다

- 涼すずしい 스즈시- 형 시원하다, 서늘하다

- 肌寒はださむい 하다사무이 형 쌀쌀하다

- 空そら 소라 명 하늘

- 青空あおぞら 아오조라 명 푸른 하늘, 창공

- 晴天せいてん 세-뗑 명 맑게 갠 하늘

- 太陽たいよう 타이요- 명 태양

- 日ひ 히 명 해, 태양

- ☐ 日差ひざし 히자시 몡 햇빛

- ☐ 雲くも 쿠모 몡 구름

- ☐ 霧きり 키리 몡 안개

- ☐ 風かぜ 카제 몡 바람

- ☐ そよ風かぜ 소요까제 몡 산들바람, 미풍

- ☐ 嵐あらし 아라시 몡 광풍, 폭풍; 폭풍우, 비바람

- ☐ 風かぜが吹ふく 카제가 후꾸 바람이 불다

- ☐ 台風たいふう 타이후- 몡 태풍

- ☐ 強風きょうふう 쿄-후- 몡 강풍

- ☐ 竜巻たつまき 타쯔마끼 몡 회오리

- ☐ 暴風ぼうふう 보-후- 몡 폭풍

- ☐ 雨あめ 아메 몡 비

- **小雨**こさめ 코사메 명 가랑비

- **大雨**おおあめ 오오아메 명 큰비, 폭우

- **あめおとこ** 아메오또꼬
  비를 몰고 다니는 남자

- **にわか雨**あめ 니와까아메 명 소나기

- **通**とおり**雨**あめ 토-리아메 명 지나가는 비

- **夕立**ゆうだち 유-다찌
  명 (주로 오후나 저녁에 내리는) 소나기

- **雨**あめ**が降**ふ**る** 아메가 후루 비가 오다

- **傘**かさ 카사 명 우산

- **傘**かさ**を差**さ**す** 카사오 사스 우산을 쓰다

- **日傘**ひがさ 히가사 명 양산

- **梅雨**つゆ/ばいう 츠유/바이우 명 장마

- 虹にじ 니지 명 무지개

- 露つゆ 츠유 명 이슬

- 霧雨きりさめ 키리사메 명 이슬비

- 雹ひょう 효- 명 우박

- 雷かみなり 카미나리 명 천둥, 우뢰

- 稲妻いなずま 이나즈마 명 번개

- 雪ゆき 유끼 명 눈

- 大雪おおゆき 오오유끼 명 대설, 큰눈

- 雪ゆきが降ふる 유끼가 후루 눈이 오다

- 乾かわく 카와꾸 동 건조하다

- 乾燥かんそう 칸소- 명 건조

- 湿しめる 시메루 동 축축해지다, 습기차다

- 湿しめっている 시멧떼 이루 습하다

- 湿気しっけ 식께 圏 습기

- じめじめ 지메지메 閉 축축, 질퍽질퍽

- 日照ひでり 히데리 圏 가뭄

- 洪水こうずい 코-즈이 圏 홍수

- 季節きせつ 키세쯔 圏 계절

- 春はる 하루 圏 봄

- 種たね 타네 圏 씨, 씨앗

- 芽め 메 圏 싹

- 芽生めばえる 메바에루 圄 싹트다, 움트다

- 芽めが出でる 메가 데루 싹이 트다

- つぼみ 츠보미 圏 꽃봉오리

- ☐ **花粉症** かふんしょう 카훈쇼-
  명 꽃가루 알레르기

- ☐ **花粉症対策** かふんしょうたいさく
  카훈쇼-타이사꾸 꽃가루 알레르기 대책

- ☐ **黄砂** こうさ 코-사 명 황사
  = **黄沙** こうさ 코-사

- ☐ **夏** なつ 나쯔 명 여름

- ☐ **暑さ** あつさ 아쯔사 명 더위

- ☐ **猛暑** もうしょ 모-쇼 명 폭염

- ☐ **蒸し暑い** むしあつい 무시아쯔이 형 무덥다, 찌는듯이 덥다

- ☐ **熱帯夜** ねったいや 넷따이야 명 열대야

- ☐ **熱中症** ねっちゅうしょう 넷쮸-쇼- 명 열사병

- ☐ **秋** あき 아끼 명 가을

- □ 収穫しゅうかく 슈-까꾸 명 수확

- □ 紅葉もみじ/こうよう 모미지/코-요- 명 단풍

- □ 紅葉狩もみじがり 모미지가리 명 단풍놀이

- □ カエデ 카에데 명 단풍나무

- □ イチョウ 이쵸- 명 은행나무

- □ 落おち葉ば 오찌바 명 낙엽

- □ 冬ふゆ 후유 명 겨울

- □ 雪片せっぺん 셉뻰 명 눈송이
  = 雪ゆきの花はな 유끼노하나

- □ 雪ゆきだるま 유끼다루마 명 눈사람

- □ 雪合戦ゆきがっせん 유끼갓셍 명 눈싸움

- □ 凍こおる 코-루 동 얼다

- 凍こごえる 코고에루 동 얼다; 곱아들다

- 凍傷とうしょう 토-쇼- 명 동상

- 氷こおり 코-리 명 얼음

- 霜しも 시모 명 서리

- 気温きおん 키옹 명 기온

- 温度おんど 온도 명 온도

- 零下れいか 레-까 명 영하

- 湿度しつど 시쯔도 명 습도

- 降水量こうすいりょう 코-스이료- 명 강수량

- 梅雨前線ばいうぜんせん 바이우젠셍
  명 장마 전선

- さくら開花前線さくらかいかぜんせん
  사꾸라 카이까 젠셍 벚꽃 개화 전선

- □ **満開**まんかい 망까이 명 만개, 꽃이 한창임
  = **花盛**はなざか**り** 하나자까리

- □ **大気**たいき 타이끼 명 대기

- □ **空気**くうき 쿠-끼 명 공기

- □ **気候**きこう 키꼬- 명 기후

- □ **気候変動**きこうへんどう 키꼬-헨도-
  명 기후변화

- □ **地球温暖化**ちきゅうおんだんか 치뀨-온당까
  명 지구온난화

- □ **紫外線**しがいせん 시가이셍 명 자외선

- □ **紫外線対策**しがいせんたいさく
  시가이셍 타이사꾸 자외선 대책

- □ **赤外線**せきがいせん 세끼가이셍 명 적외선

ユニット 09. 동물 & 식물
動物・植物 도-부쯔・쇼꾸부쯔

MP3. U09

□ **動物**どうぶつ 도-부쯔 명 동물

□ **雄**おす 오스 명 수컷

□ **雌**めす 메스 명 암컷

□ **足**あし 아시 명 (동물의) 발, 다리

□ **毛**け 케 명 털

□ **しっぽ** 십뽀 명 꼬리

□ **ペット** 펫토 명 애완동물

□ **飼**かう 카우 동 사육하다, 기르다

□ **引**ひっかく 힉까꾸 동 할퀴다

□ **唸**うなる 우나루 동 (동물이) 으르렁거리다

- 噛かむ 카무 동 물다

- 犬いぬ 이누 명 개

- 子犬こいぬ 코이누 명 강아지

- 吠ほえる 호에루 동 (개가) 짖다

- わんわん 왕왕 부 멍멍(개 짖는 소리)

- 猫ねこ 네꼬 명 고양이

- こ猫ねこ 코네꼬 명 새끼 고양이; 작은 고양이

- ニャーニャー鳴なく 냐-냐- 나꾸 (고양이가) 야옹거리다

- ニャー 냐- 부 야옹(고양이가 우는 소리)

- 牛うし 우시 명 소

- 子牛こうし 코우시 명 송아지

- 雌牛 めうし 메우시 _명 암소

- 雄牛 おうし 오우시 _명 수소

- 乳牛 ちちうし/にゅうぎゅう 치찌우시/뉴-규- _명 젖소

- 豚 ぶた 부따 _명 돼지

- 子豚 こぶた 코부따 _명 새끼 돼지

- いのしし 이노시시 _명 멧돼지

- うさぎ 우사기 _명 토끼

- 羊 ひつじ 히쯔지 _명 양

- 馬 うま 우마 _명 말

- 子馬 こうま 코우마 _명 망아지

- ひづめ 히즈메 _명 발굽

- たてがみ 타떼가미 _명 갈기

- □ しまうま 시마우마 [명] 얼룩말

- □ 獅子しし 시시 [명] 사자
  = ライオン 라이옹

- □ 虎とら 토라 [명] 호랑이

- □ 熊くま 쿠마 [명] 곰

- □ きつね 키쯔네 [명] 여우

- □ おおかみ 오오까미 [명] 이리; 늑대

- □ 猿さる 사루 [명] 원숭이

- □ チンパンジー 침판지- [명] 침팬치

- □ ゴリラ 고리라 [명] 고릴라

- □ オランウータン 오랑우-탕 [명] 오랑우탄

- □ 象ぞう 조- [명] 코끼리

- □ 象牙ぞうげ 조-게 [명] 상아

□ きりん 키링 몡 기린

□ 鹿しか 시까 몡 사슴

□ ノロジカ 노로지카 몡 노루
 = ノロ 노로
 = ノル 노루

□ ノルのしっぽみたいだ
  노루노 십뽀미따이다 노루 꼬리만 하다('작다'는 의미)

□ 大鹿おおしか 오-시까 몡 고라니

□ トナカイ 토나카이 몡 순록

□ さい 사이 몡 코뿔소

□ らくだ 라꾸다 몡 낙타

□ かば 카바 몡 하마

□ カンガルー 캉가루- 몡 캥거루

- □ コアラ 코아라 명 코알라

- □ たぬき 타누끼 명 너구리

- □ もぐら 모구라 명 두더지

- □ ねずみ 네즈미 명 쥐

- □ ハムスター 하무스타- 명 햄스터

- □ りす 리스 명 다람쥐

- □ はりねずみ 하리네즈미 명 고슴도치

- □ こうもり 코-모리 명 박쥐

- □ くじら 쿠지라 명 고래

- □ いるか 이루까 명 돌고래

- □ おっとせい 옷또세- 명 물개

- □ 鳥とり 토리 명 새

- ☐ 翼 つばさ 츠바사 명 날개(새의 날개)
  = 羽 はね 하네

- ☐ くちばし 쿠찌바시 명 부리, 주둥이

- ☐ 巣 す 스 명 둥지

- ☐ 卵 たまご 타마고 명 알

- ☐ 鶏 にわとり 니와또리 명 닭

- ☐ ひよこ 히요꼬 명 병아리

- ☐ かも 카모 명 오리

- ☐ すずめ 스즈메 명 참새

- ☐ はと 하또 명 비둘기

- ☐ からす 카라스 명 까마귀

- ☐ かささぎ 카사사기 명 까치

- □ わし 와시 몡 독수리

- □ かもめ 카모메 몡 갈매기

- □ つばめ 츠바메 몡 제비

- □ おうむ 오-무 몡 앵무새

- □ 孔雀 くじゃく 쿠쟈꾸 몡 공작

- □ だちょう 다쬬- 몡 타조

- □ みみずく 미미즈꾸 몡 부엉이

- □ ペンギン 펭깅 몡 펭귄

- □ 魚 さかな 사까나 몡 물고기

- □ えら 에라 몡 아가미

- □ ひれ 히레 몡 지느러미

- □ うろこ 우로꼬 몡 비늘

- □ **熱帯魚** ねったいぎょ 넷따이교 [명] 열대어

- □ **金魚** きんぎょ 킹교 [명] 금붕어

- □ **金魚鉢** きんぎょばち 킹교바찌 [명] 어항

- □ さめ 사메 [명] 상어

- □ たこ 타꼬 [명] 문어; 낙지

- □ えい 에이 [명] 가오리

- □ うなぎ 우나기 [명] 뱀장어

- □ **亀** かめ 카메 [명] 거북

- □ わに 와니 [명] 악어

- □ **蛇** へび 헤비 [명] 뱀

- □ とかげ 토까게 [명] 도마뱀

- 蛙 かえる 카에루 명 개구리

- お玉たまじゃくし 오따마쟈꾸시 명 올챙이

- かたつむり 카따쯔무리 명 달팽이

- 昆虫 こんちゅう 콘쮸- 명 곤충

- 虫 むし 무시 명 벌레

- 触角 しょっかく 쇽까꾸 명 더듬이

- あり 아리 명 개미

- 蜂 はち 하찌 명 벌

- 蜜蜂 みつばち 미쯔바찌 명 꿀벌

- ちょうちょう 쵸-쬬- 명 나비

- あげはちょう 아게하쬬- 명 호랑나비

- とんぼ 톰보 명 잠자리

- □ カブトムシ 카부토무시 명 딱정벌레
  = アオオサムシ 아오오사무시

- □ てんとうむし 텐또-무시 명 무당벌레

- □ せみ 세미 명 매미

- □ こおろぎ 코오로기 명 귀뚜라미

- □ ばった 밧따 명 메뚜기

- □ かまきり 카마끼리 명 사마귀

- □ はえ 하에 명 파리

- □ 蚊か 카 명 모기

- □ ごきぶり 고끼부리 명 바퀴벌레

- □ みみず 미미즈 명 지렁이

- □ くも 쿠모 명 거미

- 植物 しょくぶつ 쇼꾸부쯔 명 식물

- 種 たね 타네 명 씨, 씨앗

- 蒔まく 마꾸 동 (씨를) 뿌리다, 파종하다

- 芽 め 메 명 싹

- 木 き 키 명 나무

- 葉っぱ はっぱ 합빠 명 잎, 잎사귀

- 木の葉 このは 코노하 명 나뭇잎

- 根 ね 네 명 뿌리
  = 根っこ ねっこ 넥꼬

- 根元 ねもと 네모또 명 뿌리, 밑; 근본

- 枝 えだ 에다 명 (나뭇)가지

- 茎 くき 쿠끼 명 줄기

- □ 幹みき 미끼 圕 (나무의) 줄기

- □ 実み 미 圕 열매, 과실
  = 果実かじつ 카지쯔

- □ 森もり 모리 圕 수풀, 삼림
  = 林はやし 하야시

- □ 松まつの木き 마쯔노끼 圕 소나무

- □ 柳やなぎ 야나기 圕 버드나무

- □ 竹たけ 타께 圕 대나무

- □ 草くさ 쿠사 圕 풀

- □ 花はな 하나 圕 꽃

- □ 花はなびら 하나비라 圕 꽃잎

- □ 雌めしべ 메시베 圕 암술

- □ 雄おしべ 오시베 圕 수술

- 咲さく 사꾸 [동] (꽃이) 피다

- 桜さくら 사꾸라 [명] 벚꽃

- ばら 바라 [명] 장미

- 百合ゆり 유리 [명] 백합

- 菊きく 키꾸 [명] 국화

- 梅うめの花はな 우메노하나 [명] 매화

- つばきの花はな 츠바끼노하나 [명] 동백꽃

- ひまわり 히마와리 [명] 해바라기

- たんぽぽ 탐뽀뽀 [명] 민들레

- チューリップ 츄-립푸 [명] 튤립

- デイジー 데이지- [명] 데이지

- カーネーション 카-네-숑 [명] 카네이션

- □ コスモス 코스모스 _명 코스모스

- □ れんぎょう 렝교- _명 개나리

- □ つつじ 츠쯔지 _명 진달래

- □ 朝顔あさがお 아사가오 _명 나팔꽃

- □ アカシア 아카시아 _명 아카시아

- □ すみれ 스미레 _명 제비꽃

- □ ハスの花はな 하스노하나 _명 연꽃

- □ サボテン 사보텡 _명 선인장

- □ 植うえる 우에루 _동 심다

- □ 伸のびる 노비루 _동 자라다, 뻗다

- □ 水みずをやる 미즈오 야루 물을 주다

09

> ユニット **10. 집**
> 家 이에　　　　　　　　　　　MP3. U10

☐ **家**いえ 이에 명 집

☐ **家庭**かてい 카떼 명 가정

☐ **住宅**じゅうたく 쥬-따꾸 명 주택

☐ **部屋**へや 헤야 명 방

☐ **寝室**しんしつ 신시쯔 명 침실

☐ **リビング** 리빙구 명 거실
　= **茶**ちゃ**の間**ま 챠노마

☐ **台所**だいどころ 다이도꼬로 명 부엌, 주방
　= **キッチン** 킷칭

☐ **風呂場**ふろば 후로바 명 욕실
　= **浴室**よくしつ 요꾸시쯔

132

- **お手洗**てあらい 오떼아라이 명 화장실
  = **トイレ** 토이레

- **トイレットペーパー** 토이렛토페-파-
  화장실 휴지

- **ドア** 도아 명 문

- **玄関**げんかん 겐깡 명 현관

- **入**いり**口**ぐち 이리구찌 명 입구

- **出口**でぐち 데구찌 명 출구

- **出入**でい/ではいり**口**ぐち 데이리구찌/데하이리구찌 명 출입구

- **玄関**げんかん**チャイム** 겐깡 챠이무 명 현관의 초인종
  = **玄関**げんかん**の呼び鈴**よびりん
  겐깐노 요비링

- 鍵 かぎ 카기 명 열쇠
  = キー 키-

- 窓 まど 마도 명 창문

- 開ける あける 아께루 동 열다

- 閉める しめる 시메루 동 닫다

- ベランダ 베란다 명 베란다, 발코니
  = バルコニー 바루코니-

- 囲い かこい 카꼬이 명 울타리
  = 垣根 かきね 카끼네
  = さく 사꾸

- 床 ゆか 유까 명 바닥, 마루

- 階段 かいだん 카이당 명 계단

- エレベーター 에레베-타- 명 엘리베이터

- □ **屋根**やね 야네 명 지붕

- □ **屋根裏部屋**やねうらべや 야네 우라베야
  명 다락방, 지붕밑 층

- □ **地下室**ちかしつ 치까시쯔 명 지하실, 지하층

- □ **庭**にわ 니와 명 정원

- □ **物置**ものおき 모노오끼 명 헛간

- □ **倉庫**そうこ 소-꼬 명 창고

- □ **天井**てんじょう 텐죠- 명 천장

- □ **壁**かべ 카베 명 벽

- □ **カーテン** 카-텡 명 커튼

- □ **家具**かぐ 카구 명 가구

- □ **食卓**しょくたく 쇼꾸따꾸 명 식탁

- □ テーブル 테-브루 [명] 테이블

- □ ちゃぶ台だい 차부다이
  [명] (접었다 폈다 할 수 있는 다리가 낮은) 밥상

- □ こたつ 코따쯔 [명] 고타츠

- □ ソファー 소화- [명] 소파

- □ 椅子いす 이스 [명] 의자
  = チェア 체아

- □ リクライニングチェア
  리쿠라이닝구체아 [명] 안락의자(리클라이너 의자)

- □ 座椅子ざいす 자이스 [명] 좌식 의자

- □ 机つくえ 츠꾸에 [명] 책상
  = デスク 데스쿠

- □ 座卓ざたく 자따꾸 [명] 좌탁(앉아 쓰는 책상)

- □ テレビ 테레비 [명] 텔레비전

- □ ベッド 벳도 [명] 침대

- □ タンス 탄스 [명] 옷장
  = クローゼット 쿠로-젯토

- □ 押入おしいれ 오시이레 [명] 벽장

- □ 飾かざり棚だな 카자리다나 [명] 장식장, 진열장
  = コレクションケース 코레쿠숀케-스

- □ 本棚ほんだな 혼다나 [명] 책장

- □ 引ひき出だし 히끼다시 [명] 서랍

- □ 棚たな 타나 [명] 선반

- □ 化粧台けしょうだい 케쇼-다이 [명] 화장대
  = ドレッサー 도렛사-

- 鏡かがみ 카가미 [명] 거울

- 電灯でんとう 덴또- [명] 전등, 불
  = 電気でんき 뎅끼

- ハンガー 항가- [명] 옷걸이

- 冷蔵庫れいぞうこ 레-조-꼬 [명] 냉장고

- 冷凍庫れいとうこ 레-또-꼬 [명] 냉동고
  = フリーザー 후리-자-

- オーブン 오-붕 [명] 오븐

- ガスレンジ 가스렌지 [명] 가스레인지

- 電子でんしレンジ 덴시렌지 [명] 전자레인지

- ミキサー 미키사- [명] 믹서

- オーブントースター 오-븐토-스타-
  [명] 토스터

- □ **食器洗しょっきあらい機き** 숏끼아라이끼
  몡 식기세척기

- □ **流ながし台だい** 나가시다이 몡 싱크대, 개수대

- □ **風呂ふろ** 후로 몡 욕조
  = **浴槽よくそう** 욕소-

- □ **シャワー機き** 샤와-끼 몡 샤워기

- □ **湯桶ゆおけ** 유오께 물바가지

- □ **風呂椅子ふろいす** 후로 이스 목욕 의자

- □ **洗面台せんめんだい** 셈멘다이 몡 세면대

- □ **蛇口じゃぐち** 쟈구찌 몡 수도꼭지
  = **水栓すいせん** 수이셍

- □ **石鹼せっけん** 섹껭 몡 비누

- □ **便器べんき** 벤끼 몡 변기

- □ 御虎子おまる 오마루 명 변기, 요강

- □ ごみ箱ばこ 고미바꼬 명 쓰레기통

- □ 掃除そうじ 소-지 명 청소

- □ 大掃除おおそうじ 오오소지 명 대청소

- □ 掃除機そうじき 소-지끼 명 청소기

- □ ふき掃除そうじ 후끼소-지 걸레질
  = 雑巾ぞうきんがけ 조-낑가께

- □ 汚よごれを落おとす 요고레오 오또스
  더러움을 없애다

- □ ほこりを払はらう 호꼬리오 하라우
  먼지를 털다

- □ 片付かたづける 카따즈께루 동 정리하다, 정돈하다

- 洗濯 せんたく 센따꾸 명 세탁

- 洗濯物 せんたくもの 센따꾸모노 명 빨래, 세탁물

- 洗濯機 せんたくき/せんたつき 센따꾸끼/센딱끼 명 세탁기

> ユニット 11. 옷
> 服 후꾸
> MP3. U11

☐ **服**ふく 후꾸 명 옷

☐ **衣類**いるい 이루이 명 의류

☐ **衣服**いふく 이후꾸 명 의복

☐ **洋服**ようふく 요-후꾸 명 옷, 양복

☐ **和服**わふく 와후꾸 명 일본옷

☐ **着物**きもの 키모노 명 옷, 기모노

☐ **上着**うわぎ 우와기 명 윗도리, 겉옷

☐ **下着**したぎ 시따기 명 속옷, 내의
  = **肌着**はだぎ 하다기

☐ **着**きる 키루 동 옷을 입다

- □ **装**よそおう 요소-우 图 치장하다, 정중한 옷차림을 하다

- □ **上着**うわぎ**を羽織**はおる 우와기오 하오루
  윗도리를 걸치다

- □ **脱**ぬぐ 누구 图 벗다

- □ **穿**はく 하꾸 图 (바지 등을) 입다

- □ **掛**かける 카께루 图 (안경을) 쓰다

- □ **被**かぶる 카부루 图 (모자 등을) 쓰다

- □ **つける** 츠께루 图 달다, 부착하다

- □ **する** 스루 图 하다

- □ **ズボン** 즈봉 명 바지
  = **パンツ** 판츠

- □ **半**はん**ズボン** 한즈봉 명 반바지
  = **短**たん**パン** 탄팡

- □ 長ながズボン 나가즈봉 몡 긴바지

- □ ジーンズ 지-ㄴ즈 몡 청바지
  = ジーパン 지-팡

- □ スカート 스카-토 몡 치마

- □ ミニスカート 미니스카-토 몡 미니스커트

- □ プリーツスカート 프리-츠스카-토
  몡 주름치마

- □ ワンピース 완피-스 몡 원피스

- □ ドレス 도레스 몡 드레스

- □ スーツ 스-츠 몡 슈트, 양복

- □ シャツ 샤츠 몡 셔츠

- □ Y ワイシャツ 와이샤츠 몡 와이셔츠

- □ T ティーシャツ 티-샤츠 몡 티셔츠

□ 袖そで 소데 몡 소매

□ 長袖ながそで 나가소데 몡 긴소매

□ 半袖はんそで 한소데 몡 반소매

□ 袖そでなし 소데나시 몡 민소매
= ノースリーブ 노-스리-부

□ ブラウス 브라우스 몡 블라우스

□ セーター 세-타- 몡 스웨터

□ タートルネック 타-토루넥쿠
몡 터틀넥 스웨터
= とっくり 톡꾸리

□ Vブイネック 브이넥쿠 브이넥 스웨터

□ ラウンドネック 라운도넥쿠
라운드넥 스웨터

☐ **ウールセーター** 우-루세-타-
　울 스웨터(털 스웨터)

☐ **カーディガン** 카-디강 명 카디건

☐ **ベスト** 베스토 명 조끼
　= **チョッキ** 춐키

☐ **ジャケット** 쟈켓토 명 재킷

☐ **革かわジャケット** 카와쟈켓토 가죽 재킷

☐ **ダウンジャケット** 다운쟈켓토 패딩 점퍼

☐ **ジャンパー** 쟘파- 명 점퍼
　= **ジャン** 쟝

☐ **コート** 코-토 명 코트

☐ **部屋着へやぎ** 헤야기 홈웨어
　= **ホームウエア** 호-무웨아

- 寝巻ねまき 네마끼 명 잠옷, 파자마
  = パジャマ 파쟈마

- インナー 인나- 명 속옷, 이너웨어, 내복
  = インナーウエア 인나-웨아

- ランジェリー 란제리- 명 란제리, 여성 속옷

- スポーツウエア 스포-츠웨아 명 운동복
  = トレーニングウエア 토레-닝구웨아

- 水着みずぎ 미즈기 명 수영복

- ビキニ 비키니 명 비키니 수영복

- 雨具あまぐ 아마구 명 우비

- レインコート 레인코-토 명 비옷

- マフラー 마후라- 명 목도리

- □ スカーフ 스카-후 명 스카프

- □ ショール 쇼-루 명 숄

- □ ハンカチ 한카치 명 손수건

- □ オーバーオール 오-바-오-루 명 멜빵

- □ ベルト 베루토 명 허리띠, 벨트

- □ 手袋 てぶくろ 테부꾸로 명 장갑

- □ 帽子 ぼうし 보-시 명 모자

- □ キャップ 캬푸 명 야구모자

- □ チェーン帽子 ぼうし 체-o보-시
  명 (챙이 둥글게 둘러져 있는) 모자

- □ ビニー 비니- 명 비니(머리에 딱 맞는 동그란 모자)

- □ ネクタイ 네쿠타이 명 넥타이

- 靴下 くつした 쿠쯔시따 [명] 양말

- タイツ 타이츠 [명] 타이즈

- ストッキング 스톡킹구 [명] 스타킹

- レギンス 레깅스 [명] 레깅스(다리에 달라붙는 바지)

- 靴 くつ 쿠쯔 [명] 신발

- 運動靴 うんどうぐつ 운도–구쯔 [명] 운동화
  = スニーカー 스니–카–

- ブーツ 부–츠 [명] 부츠

- ハイヒール 하이히–루 [명] 하이힐

- ローファー 로–화– [명] 단화

- サンダル 산다루 [명] 샌들

- 草履 ぞうり 조–리 [명] (일본) 쪼리 샌들

- □ スリッパ 스립파 명 실내화(슬리퍼)

- □ 下駄 げた 게따 명 일본 나막신

- □ 眼鏡 めがね 메가네 명 안경

- □ サングラス 산구라스 명 선글라스

- □ 時計 とけい 토께- 명 시계

- □ かばん 카방 명 가방

- □ バッグ 박구 명 핸드백
  = ハンドバッグ 한도박구

- □ ポーチ 포-치
  명 파우치(주로 가죽으로 만든 작은 주머니)

- □ リュックサック 륙쿠삭쿠
  명 등에 매는 가방(배낭, 책가방 등)

- □ ランドセル 란도세루
  명 란도셀(네모난 배낭 형태의 초등학생용 책가방)

- □ **スーツケース** 스-츠케-스 [명] 여행 가방
  = **キャリーバッグ** 캬리-박구

- □ **財布**さいふ 사이후 [명] 지갑

- □ **長財布**ながざいふ 나가자이후 [명] 장지갑

- □ **宝石**ほうせき 호-세끼 [명] 보석, 귀금속
  = **ジュエリー** 쥬에리-

- □ **アクセサリー** 악세사리- [명] 장신구

- □ **ネックレス** 넥쿠레스 [명] 목걸이

- □ **ブレスレット** 브레스렛토 [명] 팔찌

- □ **ピアス** 피아스 [명] 귀걸이
  = **イヤリング** 이아링구

- □ **指輪**ゆびわ 유비와 [명] 반지
  = **リング** 링구

- ブローチ 브로-치 몡 브로치

- ヘアピン 헤아핑 몡 머리핀

- 襟えり 에리 몡 옷깃

- ポケット 포켓토 몡 호주머니

- 懐ふところ 후또꼬로
  몡 호주머니(에 가지고 있는 돈); 품

- ファスナー 화스나- 몡 지퍼
  = チャック 챡쿠

- 生地きじ 키지 몡 천, 옷감
  = 布ぬの 누노

- シルク 시루쿠 몡 비단, 실크

- 綿わた 와따 몡 면; 솜
  = コットン 콧통

□ **ウール** 우-루 图 모직, 양모

□ **合成繊維**ごうせいせんい 고-세-셍이
합성섬유

□ **革**かわ 카와 图 가죽, 피혁

□ **毛皮**けがわ 케가와 图 모피

□ **柄**がら 가라 图 무늬

□ **ストライプ** 스토라이프 图 줄무늬
= 縞模様しまもよう 시마 모요-
= 縞しま 시마

□ **チェック** 첵쿠 图 체크무늬

□ **水玉**みずたま 미즈따마 图 물방울무늬
= 水玉模様みずたまもよう 미즈따마 모요-

□ **花柄**はながら 하나가라 图 꽃무늬
= 花模様はなもよう 하나 모요-

☐ **ヒョウ柄**がら 효-가라 명 호피무늬

☐ **刺繍**ししゅう 시슈- 명 자수
   = **縫取**ぬいとり 누이또리

☐ **刺繍**ししゅう**を施**ほどこす 시슈-오 호도꼬스
   자수를 놓다
   = **縫取**ぬいとり**をする** 누이또리오 스루

☐ **流行**はやり/りゅうこう 하야리/류-꼬- 명 유행

☐ **ファッション** 홧숑 명 패션

☐ **流行**はやっている 하얏떼 이루
   유행하고 있다

☐ **流行**りゅうこう**が過**す**ぎる** 류-꼬-가 스기루
   유행이 지나다

154

11

ユニット 12. 음식
食べ物 타베모노

□ 食たべ物もの 타베모노 명 음식

□ 食たべる 타베루 동 먹다

□ 飲のむ 노무 동 마시다

□ 食事しょくじ 쇼꾸지 명 식사, 끼니

□ 料理りょうりする 료-리스루 동 요리하다
 = 調理ちょうりする 쵸-리스루

□ 調理法ちょうりほう 쵸-리호- 명 요리법, 레시피
 = レシピ 레시피

□ 肉にく 니꾸 명 고기

□ 牛肉ぎゅうにく 규-니꾸 명 소고기

□ 豚肉ぶたにく 부따니꾸 명 돼지고기

□ 鶏肉とりにく 토리니꾸 명 닭고기

□ 羊肉ようにく 요-니꾸 명 양고기
= ラム肉にく 라무니꾸

□ 魚さかな 사까나 명 생선

□ 鮭さけ 사께 명 연어
= サーモン 사-몽

□ 鮪まぐろ 마구로 명 참치; 다랑어

□ 鱈たら 타라 명 대구

□ 鯖さば 사바 명 고등어

□ しらす 시라스 명 멸치

□ アワビ 아와비 명 전복

□ たこ 타꼬 명 문어; 낙지

12

- □ いか 이까 <the>명</the> 오징어

- □ 海老えび 에비 <the>명</the> 새우

- □ 貝かい 카이 <the>명</the> 조개

- □ カキ 카키 <the>명</the> 굴

- □ ウニ 우니 <the>명</the> 성게

- □ 海苔のり 노리 <the>명</the> 김

- □ 穀物こくもつ 코꾸모쯔 <the>명</the> 곡물

- □ 米こめ 코메 <the>명</the> 쌀

- □ 小麦粉こむぎこ 코무기꼬 <the>명</the> 밀가루

- □ シリアル 시리아루 <the>명</the> 곡물 식품
  = コーンフレーク 코-ㅇ후레-쿠

- □ 豆まめ 마메 <the>명</the> 콩

- [ ] えんどう豆まめ 엔도-마메 **명** 완두콩

- [ ] インゲン豆まめ 인겐마메 **명** 강낭콩

- [ ] 大豆だいず 다이즈 **명** 대두

- [ ] 小豆あずき 아즈끼 **명** 팥

- [ ] とうもろこし 토-모로꼬시 **명** 옥수수

- [ ] 野菜やさい 야사이 **명** 채소

- [ ] にんじん 닌징 **명** 당근

- [ ] きゅうり 큐-리 **명** 오이

- [ ] キャベツ 캬베츠 **명** 양배추

- [ ] レタス 레타스 **명** 양상추

- [ ] トマト 토마토 **명** 토마토

- [ ] ほうれん草そう 호-렌소- **명** 시금치

- ピーマン 피-망 명 피망

- パプリカ 파프리카 명 파프리카

- ブロッコリー 브록코리- 명 브로콜리

- カボチャ 카보챠 명 호박
  = パンプキン 팜프킹

- 茄子 なす 나스 명 가지

- じゃがいも 쟈가이모 명 감자

- サツマイモ 사츠마이모 명 고구마

- 玉たまねぎ 타마네기 명 양파

- ねぎ 네기 명 파

- にんにく 닌니꾸 명 마늘

- 生薑 しょうが 쇼-가 명 생강

- 唐辛子とうがらし 토-가라시 명 고추

- コショウ 코쇼- 명 후추

- オリーブ 오리-브 명 올리브

- 果物くだもの 쿠다모노 명 과일

- いちご 이찌고 명 딸기

- りんご 링고 명 사과

- 梨なし 나시 명 배

- オレンジ 오렌지 명 오렌지

- みかん 미깡 명 귤

- レモン 레몽 명 레몬

- ぶどう 부도- 명 포도

- 柿かき 카끼 명 감(나무)

- □ バナナ 바나나 _명 바나나

- □ すいか 스이까 _명 수박

- □ メロン 메롱 _명 멜론

- □ パイナップル 파이납프루 _명 파인애플

- □ 桃 もも 모모 _명 복숭아

- □ 杏子 あんず 안즈 _명 살구

- □ さくらんぼ 사꾸람보 _명 체리

- □ マンゴー 망고- _명 망고

- □ いちじく 이찌지꾸 _명 무화과

- □ アボカド 아보카도 _명 아보카도

- □ 飲のみ物 もの 노미모노 _명 음료, 마실 것

- □ ジュース 쥬-스 _명 주스

- 水 みず 미즈 ⑲ 물

- 牛乳 ぎゅうにゅう 규-뉴- ⑲ 우유
  = ミルク 미르쿠

- 酒 さけ 사께 ⑲ 술

- ワイン 와잉 ⑲ 와인

- ビール 비-루 ⑲ 맥주

- 炭酸飲料 たんさんいんりょう 탄상 잉료- ⑲ 탄산음료

- コーラ 코-라 ⑲ 콜라

- サイダー 사이다- ⑲ 사이다

- コーヒー 코-히- ⑲ 커피

- デザート 데자-토 ⑲ 디저트, 후식
  = スイーツ 스위-츠

12

- □ **アイスクリーム** 아이스쿠리-무
  명 아이스크림

- □ **味付**あじつけ 아지쯔께 명 양념

- □ **合**あわせ**調味料**ちょうみりょう
  아와세쵸-미료- 양념장

- □ **ダシ** 다시 명 육수
  = だし**汁**じる 다시지루

- □ **タレ** 타레 명 드레싱, 소스
  = ソース 소-스
  = ドレッシング 도렛싱구

- □ **塩**しお 시오 명 소금

- □ **味塩**あじしお 아지시오 명 맛소금

- □ **砂糖**さとう 사또- 명 설탕

- □ **酢**す 스 명 식초

- □ **うまみ調味料** ちょうみりょう 우마미쵸—미료—
  MSG(화학조미료), 조미료

- □ **醤油** しょうゆ 쇼—유 명 간장

- □ **ポン酢** ず 폰즈 초간장

- □ **味噌** みそ 미소 명 된장

- □ **唐辛子味噌** とうがらしみそ 토—가라시 미소
  명 고추장

- □ **唐辛子酢味噌** とうがらしすみそ
  토—가라시 스미소 명 초고추장

- □ **サラダ油** あぶら 사라다아부라 명 식용유

- □ **ごま油** あぶら 고마아부라 명 참기름

- □ **オリーブオイル** 오리—브오이루
  명 올리브유

□ バター 바타- 몡 버터

□ マヨネーズ 마요네-즈 몡 마요네즈

□ ケチャップ 케챠프 몡 케첩

□ わさび 와사비 몡 고추냉이

□ マスタード 마스타-도 몡 겨자

□ 蜂蜜はちみつ 하찌미쯔 몡 꿀
  = ハニー 하니-

□ ジャム 쟈무 몡 잼

□ むく 무꾸 동 (껍질을) 까다, 벗기다

□ 切きる 키루 동 자르다

□ みじん切ぎり 미진기리 몡 다지기; 잘게 썰기

□ 千切せんぎり 센기리 채썰기

☐ **おろす** 오로스 동 강판에 갈다

☐ **おろし** 오로시 명 (강판에) 갈기, 갊

☐ **混まぜる** 마제루 동 섞다

☐ **揚あげる** 아게루 동 튀기다

☐ **てんぷら** 템뿌라 명 튀김
= **揚あげ物もの** 아게모노

☐ **煎いる** 이루 동 볶다; 지지다
= **炒いためる** 이따메루

☐ **炒いため** 이따메 명 볶음; 지짐

☐ **焼やく** 야꾸 동 굽다

☐ **焼やき物もの** 야끼모노 명 구이

☐ **煮にる** 니루 동 삶다
= **ゆでる** 유데루

- ☐ **煮込**にこみ 니꼬미
  - 명 (여러 가지 재료를 넣어서 푹) 끓인 요리

- ☐ **蒸**むす 무스 동 찌다

- ☐ **蒸**むし**煮**に 무시니 명 찜

- ☐ (ご**飯**はんを)**炊**たく (고항오) 타꾸
  - 동 (밥을) 짓다

- ☐ **和**あえる 아에루 동 무치다, 버무리다
  = **混**まぜ**合**あわす 마제아와스

- ☐ **調理器具**ちょうりきぐ 쵸-리끼구
  - 명 조리기구

- ☐ **調理道具**ちょうりどうぐ 쵸-리도-구
  - 명 조리도구

- ☐ **包丁**ほうちょう 호-쪼- 명 부엌칼

- ☐ **ナイフ** 나이흐 명 나이프(서양식 작은 칼)

- まな板いた 마나이따 [명] 도마

- しゃもじ 샤모지 [명] 주걱

- しゃくし 샥시 [명] 국자

- ヘラ 헤라 [명] 뒤집개

- 泡立あわだて器き 아와다떼끼 [명] 거품기

- 鍋なべ 나베 [명] (둥글고 속이 깊은) 냄비

- フライパン 프라이팡 [명] 프라이팬

- 食器しょっき 속끼 [명] 식기

- 和食器わしょっき 와속끼 [명] 일본 식기

- 洋食器ようしょっき 요-속끼 [명] 서양 식기

- 器うつわ 우쯔와 [명] 그릇

- どんぶり 돔부리 명 사발
  = どんぶりばち 돔부리바찌

- 茶ちゃわん 챠왕 명 밥그릇

- 汁しるわん 시루왕 명 국그릇

- 皿さら 사라 명 접시

- 匙さじ 사지 명 숟가락
  = スプーン 스푸-ㄴ

- 茶ちゃさじ 챠사지 명 찻숟가락
  = ティースプーン 티-스푸-ㄴ

- 箸はし 하시 명 젓가락

- 菜さいばし 사이바시
  명 (요리할 때 쓰는) 긴 젓가락

- はし箱ばこ 하시바꼬 명 젓가락통

□ フォーク 휘-쿠 [명] 포크

□ トレイ 토레이 [명] 쟁반
　= 盆 ぼん 봉

ユニット 13. 취미
趣味 슈미

MP3. U13

☐ **趣味** しゅみ 슈미 명 취미

☐ **レジャー** 레쟈- 명 여가, 여가활동
  = **レジャー活動** かつどう 레쟈- 카쯔도-

☐ **スポーツ** 스포-츠 명 스포츠, 운동
  = **運動** うんどう 운도-

☐ **鍛** きた **える** 키따에루 동 운동하다; 단련하다

☐ **競技** きょうぎ 쿄-기 명 경기

☐ **試合** しあい 시아이 명 시합

☐ **散歩** さんぽ 삼뽀 명 산책, 산보

☐ **走** はし **る** 하시루 동 달리다

☐ **ジョギング** 죠깅구 명 조깅

□ ジョギングする 죠깅구스루 [동] 조깅하다

□ ジム 지무 [명] 체육관; 헬스클럽
　= フィットネスクラブ 훳토네스쿠라브
　= スポーツジム 스포-츠지무

□ 水泳すいえい 스이에- [명] 수영
　= 泳およぎ 오요기
　= スイミング 스이밍구

□ 水泳すいえいする 스이에-스루 [동] 수영하다
　= 泳およぐ 오요구

□ プール 프-루 [명] 수영장
　= スイミングプール 스이밍구프-루

□ ボール 보-루 [명] 공
　= 球たま 타마

□ ラケット 라켓토 [명] 라켓

□ テニス 테니스 [명] 테니스

- □ バドミントン 바도민통 [명] 배드민턴

- □ サッカー 삭카- [명] 축구

- □ アメリカンフットボール
  아메리칸훗토보-루 [명] 미식축구

- □ 野球 やきゅう 야뀨- [명] 야구

- □ バスケット 바스켓토 [명] 농구
  = バスケットボール 바스켓토보-루

- □ バレー 바레- [명] 배구
  = バレーボール 바레-보-루

- □ 卓球 たっきゅう 탁큐- [명] 탁구
  = ピンポン 핀퐁

- □ ゴルフ 고루후 [명] 골프

- □ ゴルフ場 じょう 고루후죠- [명] 골프장

- ヨガ 요가 ⑲ 요가

- 競輪けいりん 케-링 ⑲ 사이클링, 자전거 경기
  = サイクリング 사이쿠링구

- スケート 스케-토 ⑲ 스케이트

- ローラースケート 로-라-스케-토
  ⑲ 롤러 스케이트

- アイスリンク 아이스링쿠 ⑲ 스케이트장
  = スケート場じょう 스케-토죠-

- スケートボード 스케-토보-도
  ⑲ 스케이트보드
  = スケボー 스케보-

- スノーボード 스노-보-도 ⑲ 스노보드

- スキー 스키- ⑲ 스키

- スキー場じょう 스키-죠- 스키장

□ **格闘技**かくとうぎ 칵또-기 [명] 격투기

□ **武道**ぶどう 부도- [명] 무도

□ **合気道**あいきどう 아이끼도- [명] 합기도

□ **空手**からて 카라떼 [명] 당수, 가라데(격투기의 일종)

□ **テクォンドー** 테퀀도- [명] 태권도

□ **柔道**じゅうどう 쥬-도- [명] 유도

□ **剣道**けんどう 켄도- [명] 검도

□ **相撲**すもう 스모- [명] 스모

□ **ボクシング** 복싱구 [명] 권투, 복싱
  = **拳闘**けんとう 켄또-

□ **音楽**おんがく 옹가꾸 [명] 음악
  = **ミュージック** 뮤-직쿠

□ **聴**きく 키꾸 [동] 듣다

- 歌うた 우따 [명] 노래

- 歌うたう 우따우 [동] 노래하다

- 歌手かしゅ 카슈 [명] 가수

- メロディー 메로디- [명] 멜로디, 선율
  = 節ふし 후시
  = 旋律せんりつ 센리쯔

- ディスク 디스쿠 [명] 디스크, 음반
  = レコード 레코-도

- 演奏えんそうする 엔소-스루 [동] 연주하다

- 演奏会えんそうかい 엔소-까이 [명] 연주회

- ジャンル 쟝루 [명] 장르

- 楽器がっき 각끼 [명] 악기

- ピアノ 피아노 [명] 피아노

- バイオリン 바이오링 명 바이올린

- チェロ 체로 명 첼로

- フルート 후루-토 명 플루트

- 三味線 しゃみせん 샤미셍 명 샤미센

- ハープ 하-푸 명 하프
  = 竪琴 たてごと 타떼고또

- ギター 기타- 명 기타

- 鼓 つづみ 츠즈미 명 장구, 북

- 太鼓 たいこ 타이꼬 명 북

- ドラム 도라무 명 드럼, 북

- トランペット 토란펫토 명 트럼펫
  = ペット 펫토

- □ **サキソホン** 사키소홍 명 색소폰
  = **サックス** 삭쿠스

- □ **コンサート** 콘사-토 명 음악회, 콘서트

- □ **オーケストラ** 오-케스토라 명 오케스트라, 교향악단

- □ **指揮者**しきしゃ 시끼샤 명 지휘자
  = **コンダクター** 콘탁타-

- □ **映画**えいが 에-가 명 영화

- □ **映画**えいが**を観**みる 에-가오 미루
  영화를 보다

- □ **アクション映画**えいが 악숀에-가
  명 액션 영화

- □ **アニメーション** 아니메-숑 명 만화 영화, 애니메이션
  = **アニメ** 아니메

- □ **コメディー映画**えいが 코메디-에-가
  몡 코미디 영화

- □ **恋愛映画**れんあいえいが 렝아이 에-가
  로맨틱 영화

- □ **ラブコメディー映画**えいが
  라부코메디-에-가 몡 로맨틱 코미디 영화
  = **ラブコメ映画**えいが 라부코메에-가

- □ **SF**エスエフ**映画**えいが 에스에후에-가
  몡 공상 과학 영화

- □ **ホラー映画**えいが 호라-에-가
  몡 공포 영화

- □ **ドキュメンタリー映画**えいが
  도큐멘타리-에-가 몡 다큐멘터리 영화

- □ **映画館**えいがかん 에-가깡 몡 영화관

- □ **劇場**げきじょう 게끼죠- 몡 극장

- □ **オペラ** オペラ 명 오페라

- □ **ミュージカル** 뮤-지카루 명 뮤지컬

- □ **歌舞伎**かぶき 카부끼 명 가부키

- □ **宝塚歌劇**たからづかかげき 타까라즈까 까게끼
  다카라즈카 가극

- □ **公開**こうかい 코-까이 명 공개; 개봉

- □ **初演**しょえん 쇼엥 명 초연

- □ **映画監督**えいがかんとく 에-가 칸또꾸
  명 영화 감독

- □ **俳優**はいゆう 하이유 명 배우
  = **役者**やくしゃ 약샤

- □ **男優**だんゆう 당유- 명 남자 배우

- □ **女優**じょゆう 죠유- 명 여자 배우

- □ **観客**かんきゃく 칸꺄꾸 ⑲ 관객

- □ **あらすじ** 아라스지 ⑲ 줄거리
  = **ストーリー** 스토-리-

- □ **主人公**しゅじんこう 슈진꼬- ⑲ 주인공

- □ **ヒーロー** 히-로- ⑲ 남자 주인공

- □ **ヒロイン** 히로잉 ⑲ 여자 주인공

- □ **本**ほん 홍 ⑲ 책

- □ **読よむ** 요무 ⑧ 읽다

- □ **読書**どくしょ 독쇼 ⑲ 독서

- □ **読書会**どくしょかい 독쇼까이 ⑲ 독서회

- □ **読書三余**どくしょさんよ 독쇼상요
  ⑲ 독서삼여

- □ **文学**ぶんがく 분가꾸 ⑲ 문학

- □ **小説**しょうせつ 쇼-세쯔 명 소설

- □ **詩**し 시 명 시

- □ **随筆**ずいひつ 즈이히쯔 명 수필, 에세이
  = **エッセイ** 엣세-

- □ **雑誌**ざっし 잣시 명 잡지

- □ **コミック** 코믹쿠 명 만화
  = **漫画**まんが 망가

- □ **おとぎ話**ばなし 오또기바나시 명 동화
  = **童話**どうわ 도-와

- □ **偉人伝**いじんでん 이진뎅 명 위인전

- □ **自伝**じでん 지뎅 명 자서전

- □ **本屋**ほんや 홍야 명 서점
  = **書店**しょてん 쇼뗑

13

- □ **図書館**としょかん 토쇼깡 명 도서관

- □ **書**かく 카꾸 동 쓰다

- □ **著述**ちょじゅつ**する** 쵸쥬쯔스루 동 저술하다

- □ **作家**さっか 삭까 명 작가, 글 쓰는 사람

- □ **著者**ちょしゃ 쵸샤 명 저자

- □ **小説家**しょうせつか 쇼-세쯔까 명 소설가

- □ **詩人**しじん 시징 명 시인

- □ **随筆家**ずいひつか 즈이히쯔까 명 수필가

- □ **写真**しゃしん 샤싱 명 사진

- □ **写真撮影**しゃしんさつえい 샤싱사쯔에- 명 사진촬영

- □ (**写真**しゃしん**を**) **撮**とる (샤싱오) 토루 (사진을) 찍다

- カメラ カメラ 명 카메라

- デジタルカメラ 데지타루카메라
  디지털 카메라
  = デジカメ 데지카메

- 絵え 에 명 그림

- 油絵あぶらえ 아부라에 명 유화

- 水彩画すいさいが 스이사이가 명 수채화
  = みずえ 미즈에

- 水墨画すいぼくが 스이보꾸가 명 수묵화

- スケッチ 스켓치 명 스케치, 밑그림

- すがき 스가끼 명 소묘, 데생
  = 素描そびょう 소뵤-
  = デッサン 뎃상

13

- □ **挿絵**さしえ 사시에 명 삽화, 일러스트
  - = **イラスト** 이라스토
  - = **イラストレーション** 이라스토레-숑

- □ **描**えがく 에가꾸 동 그림 그리다, 채색하다

- □ **画家**がか 가까 명 화가
  - = **えかき** 에까끼

- □ **絵**えの**具**ぐ 에노구 명 그림물감

- □ **色**いろ 이로 명 색

- □ **筆**ふで 후데 명 붓

- □ **スケッチブック** 스켓치북쿠 명 스케치북
  - = **写生帳**しゃせいちょう 샤세-쪼-

- □ **キャンバス** 캼바스 명 캔버스

- □ **遊**あそぶ 아소부 동 놀다

- 遊あそび 아소비 명 놀이

- 戦争せんそうごっこをする
  센소-곡꼬오 스루 전쟁놀이를 하다

- ゲームをする 게-무오 스루 게임을 하다

- ボードゲーム 보-도게-무 명 보드게임

- さいころ 사이꼬로 명 주사위

- 玩具おもちゃ 오모쨔 명 장난감, 완구
  = がんぐ 간구

- けん玉だま 켄다마 명 켄다마(죽방울)

- 山登やまのぼり 야마노보리 명 등산
  = 登山とざん 토장

- (山やまを) 登のぼる (야마오) 노보루
  동 (산에) 오르다, 등산하다

- □ 岩登いわのぼり 이와노보리 명 암벽 등반
  = ロッククライミング 록쿠쿠라이밍구

- □ ピクニック 피쿠닉쿠 명 소풍
  = 遠足えんそく 엔소꾸

- □ 現場学習げんばがくしゅう 겜바각슈-
  명 현장학습
  = フィールドワーク 휘-루도와-쿠

- □ キャンプ 컄푸 명 캠핑, 야영
  = キャンピング 컄핑구

- □ 釣つり 츠리 명 낚시

- □ 工芸こうげい 코-게- 명 공예

- □ 編あみ物もの 아미모노 명 뜨개질

- □ 園芸えんげい 엔게- 명 원예, 정원 가꾸기
  = ガードニング 가-도닝구

□ 生いけ花ばな 이께바나 명 꽃꽂이

□ コレクション 코렉숑 명 수집; 수집물, 컬렉션

□ コレクトする 코렉토스루 동 수집하다
= 集あつめる 아쯔메루

ユニット 14. 전화 & 인터넷
電話・インターネット 뎅와·인타―넷토 MP3. U14

- [ ] 電話でんわ 뎅와 명 전화

- [ ] 携帯電話けいたいでんわ 케―따이뎅와
  명 휴대전화

- [ ] スマートホン 스마―토홍 명 스마트 폰

- [ ] 電話でんわをかける 뎅와오 카께루
  전화를 걸다

- [ ] 電話でんわに出でる 뎅와니 데루
  전화를 받다

- [ ] 電話でんわを切きる 뎅와오 키루
  전화를 끊다

- [ ] 電話でんわを代かわる 뎅와오 카와루
  전화를 바꾸다

- □ **話中**はなしちゅう 하나시쮸- 몡 통화 중

- □ **切**きらずに**待**まつ 키라즈니 마쯔
  끊지 않고 기다리다

- □ **折**おり**返**かえし**電話**でんわする
  오리까에시 뎅와스루 다시 전화하다

- □ **間違**まちがい**電話**でんわ 마찌가이 뎅와
  잘못 걸린 전화

- □ **ビデオ電話**でんわ 비디오 뎅와 몡 영상통화

- □ **緊急電話**きんきゅうでんわ 킨뀨-뎅와
  긴급 전화

- □ **電話番号**でんわばんごう 뎅와방고-
  몡 전화번호

- □ **電話帳**でんわちょう 뎅와쬬- 몡 전화번호부

- ☐ **公衆電話** こうしゅうでんわ 코-슈-뎅와
  - 명 공중전화

- ☐ **コレクトコール** 코레쿠토코-루
  - 명 수신자 부담 전화

- ☐ **ローミングサービス** 로-밍구 사-비스
  - 로밍서비스

- ☐ **留守番電話** るすばんでんわ 루스방뎅와
  - 명 자동응답기

- ☐ **音声** おんせい **メール** 온세-메-루
  - 명 음성 메일(보이스 메일)

- ☐ **伝言** でんごん 뎅공 명 메시지
  - = **メッセージ** 멧세-지

- ☐ **文字通信** もじつうしん 모지쯔-싱
  - (휴대전화의) 문자 메시지 주고 받기
  - = **モジツー** 모지츠-

- □ **メール** 메-루 _명 문자 메시지

- □ **メールアドレス** 메-루아도레스 메일 주소

- □ **メールを送おくる** 메-루오 오꾸루
  문자 메시지를 보내다

- □ **メールをもらう** 메-루오 모라우
  문자 메시지를 받다

- □ **デコメール** 데코 메-루 _명 데코 메일
  = **デコメ** 데코메

- □ **絵文字えもじ** 에모지 (휴대전화의) 그림문자

- □ **スタンプ** 스탐프 이모티콘

- □ **スマホの壁紙かべがみ** 스마호노 카베가미
  스마트폰의 배경화면

- □ **液晶えきしょう** 에끼쇼- _명 액정

14

☐ **着信ちゃくしんメロディ** 챠싱 메로디

　명 벨소리
　= **着ちゃくメロ** 챠꾸메로
　= **着信音ちゃくしんおん** 챠싱옹

☐ **マナーモード** 마나-모-도

　명 (휴대전화의) 진동

☐ **アプリ** 아프리 　명 애플리케이션, 앱

☐ **ダウンロード** 다운로-도 　명 다운로드

☐ **アップロード** 압프로-도 　명 업로드

☐ **アップデート** 압프데-토 　명 업데이트

☐ **電源でんげん** 뎅겡 　명 전원

☐ **電源でんげんを入いれる** 뎅겡오 이레루

　전원을 켜다

- 電源でんげんを切きる 뎅겡오 키루
  전원을 끄다

- バッテリー 밧테리- 명 배터리

- バッテリー上あがり 밧테리- 아가리
  명 방전
  = 放電ほうでん 호-뎅

- 充電じゅうでん 쥬-뎅 명 충전

- 充電じゅうでんする 쥬-덴스루 동 충전하다

- 充電器じゅうでんき 쥬-덴끼 명 충전기

- インターネット 인타-넷토 명 인터넷
  = ネット 넷토

- ワイファイ 와이화이 명 와이파이, 무선 인터넷
  = 無線むせんインターネット
  무셍 인타-넷토

- □ モバイルデータ 모바이루 데-타
  명 모바일 데이터

- □ オンラインゲーム 온라인 게-무
  명 온라인 게임

- □ インターネットショピング
  인타-넷토 쇼핑구 **명** 인터넷 쇼핑

- □ インターネットバンキング
  인타-넷토 방킹구 **명** 인터넷 뱅킹

- □ お気きに入いり 오끼니이리 **명** 즐겨찾기

- □ イーメール 이-메-루 **명** 이메일

- □ イーメールアドレス 이-메-루아도레스
  이메일 주소

- □ 電子でんしメールで送おくる
  덴시메-루데 오꾸루 이메일로 보내다

- ☐ 添付てんぷファイル 뎀뿌화이루 첨부 파일

- ☐ 添付てんぷする 뎀뿌스루 첨부하다

- ☐ ログイン 로그잉 _명 로그인

- ☐ ログアウト 로그아우토 _명 로그아웃

- ☐ 会員加入かいいんかにゅう 카이인까뉴- 회원 가입

- ☐ 新規登録しんきとうろく 신끼또-로꾸 신규 등록

- ☐ 会員脱退かいいんだったい 카이인닷따이 회원 탈퇴

- ☐ ブラウザ 브라우자 _명 브라우저

- ☐ アカウント 아카운토 _명 계정

- ☐ ウェブサイト 웨브사이토 _명 웹사이트

- □ **ホームページ** 호-무페-지 [명] 홈페이지

- □ **接続**せつぞく**する** 세쯔조꾸스루 [동] 접속하다
  = **つながる** 츠나가루

- □ **検索**けんさく**する** 켄사꾸스루 [동] 검색하다

- □ **検索**けんさく**バー** 켄사꾸바- 검색창

- □ **アドレスバー** 아도레스바- 주소창

- □ **アイディー** 아이디- [명] 아이디
  = **ユーザーアイディー** 유-자-아이디-

- □ **パスワード** 파스와-도 [명] 비밀번호
  = **暗証番号**あんしょうばんごう 안쇼-방고-

- □ **コンピューター** 콤퓨-타- [명] 컴퓨터
  = **パソコン** 파소콩

- □ **デスクトップコンピューター**
  데스쿠톱프 콤퓨-타- [명] 데스크톱 컴퓨터

- □ **ノートパソコン** 노-토 파소콩
  - 몡 노트북 컴퓨터

- □ **タブレット** 타브렛토 몡 태블릿 컴퓨터

- □ **モニター** 모니타- 몡 모니터

- □ **ディスプレー** 디스프레- 몡 화면 표시

- □ **スクリーン装置**そうち 스크리-o 소-찌
  - 몡 화면장치; 액정화면
  - = **液晶画面**えきしょうがめん 에끼쇼-가멩

- □ **デスクトップ壁紙**かべがみ
  - 데스쿠톱프 카베가미 몡 데스크톱 바탕화면

- □ **キーボード** 키-보-도 몡 키보드

- □ **キーボードを打**うつ 키-보-도오 우쯔
  - 키보드를 치다

- □ **マウス** 마우스 몡 마우스

14

199

- 無線むせんマウス 무셍 마우스
  - 명 무선 마우스
  - = コードレスマウス 코-도레스 마우스

- マウスパット 마우스팟토 명 마우스 패드

- クリックする 쿠릭쿠스루 동 클릭하다

- プログラム 프로구라무 명 프로그램

- オーエス 오-에스 명 컴퓨터 운영 체제(OS)
  - = オペレーティングシステム
    오페레-팅구 시스테무

- インストールする 인스토-루스루
  - 동 설치하다
  - = セットアップする 셋토압프스루

- プリンター 프링타- 명 프린터

- コピー 코피- 명 복사; 사본

- □ コピー機き 코피-끼 명 복사기

- □ スキャナー 스캬나- 명 스캐너

- □ ウェブカメラ 웨브카메라 명 웹캠

- □ ファイル 화이루 명 파일

- □ フォルダ 호루다 명 폴더

- □ セーブ 세-브 명 저장
  = 保存ほぞん 호종

- □ セーブする 세-브스루 동 저장하다

- □ 削除さくじょ 사꾸죠 명 삭제

- □ 消けす 케스 동 지우다, 삭제하다
  = 削除さくじょする 사꾸죠스루

- □ 保安ほあん 호앙 명 보안

- □ ウイルス 우이루스 명 바이러스

- □ ワクチンプログラム 왁칭 프로그라무
    - 몡 컴퓨터 백신

- □ 迷惑めいわくメール 메-와꾸 메-루
    - 몡 스팸메일
    - = スパムメール 스파무 메-루

- □ ソーシャルネットワーク
    소-샤루 넷토와-쿠 몡 소셜 네트워크, SNS

- □ ブログ 브로구 몡 블로그

- □ ゲストブック 게스토북쿠 몡 방명록
    - = 芳名帳ほうめいちょう 호-메-쬬-

- □ ネットカフェ 넷토 카훼 피시방; 만화방
    - = 漫画喫茶まんがきっさ 망가낏사

ユニット 15. 학교
学校 각꼬-

MP3. U15

- □ 学校 がっこう 각꼬- 명 학교

- □ スクール 스쿠-루 명 학교; 학파

- □ 学園 がくえん 가꾸엥 명 학교; 학원

- □ 小学校 しょうがっこう 쇼-각꼬- 명 초등학교

- □ 小学生 しょうがくせい 쇼-각세- 초등학생

- □ 中学校 ちゅうがっこう 츄-각꼬- 명 중학교

- □ 中学生 ちゅうがくせい 츄-각세- 중학생

- □ 小中学校 しょうちゅうがっこう 쇼-츄-각꼬-
  명 초중학교(초등학교와 중학교의 총칭)

- □ 高校 こうこう 코-꼬- 명 고등학교
  = 高等学校 こうとうがっこう 코-또-각꼬-

□ **高校生**こうこうせい 코-꼬-세- 고등학생

□ **女子高生**じょしこうせい 죠시꼬-세- 여고생

□ **大学**だいがく 다이가꾸 몡 대학

□ **大学生**だいがくせい 다이각세- 대학생

□ **単科大学**たんかだいがく 탄까다이가꾸
　몡 단과대학

□ **総合大学**そうごうだいがく 소-고-다이가꾸
　몡 종합대학

□ **短期大学**たんきだいがく 탄끼다이가꾸
　몡 단기대학, 전문대학(2년제 또는 3년제의 대학)
　= **短大**たんだい 탄다이
　= **専門大学**せんもんだいがく 센몬다이가꾸

□ **短大生**たんだいせい 탄다이세-
　몡 단기대학생

- □ **予備校**よびこう 요비꼬- 명 예비교, 상급 학교

- □ **専攻**せんこう 센꼬- 명 전공

- □ **専攻**せんこう**する** 센꼬-스루 동 전공하다

- □ **専門**せんもん**にする** 센몬니 스루
  동 전문으로 하다

- □ **副専攻**ふくせんこう 후꾸센꼬- 부전공

- □ **副専攻**ふくせんこう**する** 후꾸센꼬-스루
  부전공하다

- □ **塾**じゅく 쥬꾸 명 학원

- □ **学会**がっかい 각까이 명 학회

- □ **協会**きょうかい 쿄-까이 명 협회

- □ **入学**にゅうがく 뉴-가꾸 명 입학

- □ **入学式**にゅうがくしき 뉴-가꾸시끼 명 입학식

- □ **入学**にゅうがく**する** 뉴-가꾸스루
  - 동 입학하다
  - = **入**はいる 하이루
  - = **上**あがる 아가루

- □ **卒業**そつぎょう 소쯔교- 명 졸업

- □ **卒業式**そつぎょうしき 소쯔교-시끼 명 졸업식

- □ **卒業**そつぎょう**する** 소쯔교-스루
  - 동 졸업하다

- □ **出席**しゅっせき 슛세끼 명 출석

- □ **出席**しゅっせき**する** 슛세끼스루 동 출석하다

- □ **欠席**けっせき 켓세끼 명 결석
  - = **休**やすみ 야스미

- □ **欠席**けっせき**する** 켓세끼스루 동 결석하다

- □ **遅刻**ちこく 치꼬꾸 명 지각

- 遅刻ちこくする 치꼭스루 [동] 지각하다, 늦다
  = 遅おくれる 오꾸레루

- 早はやびき 하야비끼 [명] 조퇴
  = 早引はやびけ 하야비께
  = 早退そうたい 소-따이

- 早はやびきする 하야비끼스루 [동] 조퇴하다
  = 早引はやびけする 하야비께스루
  = 早退そうたいする 소-따이스루

- 勉強べんきょう 벵꾜- [명] 공부

- 勉強べんきょうする 벵꼬-스루 [동] 공부하다

- 教おしえる 오시에루 [동] 가르치다

- 学まなぶ 마나부 [동] 배우다
  = 習ならう 나라우

- 学まなび 마나비 [명] 배움, 학습
  = 学習がくしゅう 각슈-

- □ 習ならい事ごと 나라이고또 명 배우는 일

- □ 教師きょうし 쿄-시 명 교사, 선생
  = 先生せんせい 센세-

- □ 教授きょうじゅ 쿄-쥬 명 교수

- □ 講師こうし 코-시 명 강사

- □ 学生がくせい 각세- 명 학생

- □ 生徒せいと 세-또 명 학생

- □ 児童じどう 지도- 명 아동; 학생
  = 学童がくどう 가꾸도-

- □ 教え子おしえご 오시에고 명 제자, 가르친 학생

- □ 新入生しんにゅうせい 신뉴-세- 명 신입생

- □ 学友がくゆう 가꾸유- 명 학우, 동기
  = 同期どうき 도-끼

- □ **クラスメート** 쿠라스메-토 명 급우, 반 친구
  = **級友** きゅうゆう 큐-유-

- □ **同級生** どうきゅうせい 도-뀨-세- 명 동급생, 동창

- □ **同窓会** どうそうかい 도-소-까이 명 동창회

- □ **クラス** 쿠라스 명 학급

- □ **教室** きょうしつ 쿄-시쯔 명 교실

- □ **学年** がくねん 가꾸넹 명 학년

- □ **低学年** ていがくねん 테-가꾸넹 명 저학년

- □ **高学年** こうがくねん 코-가꾸넹 명 고학년

- □ **学期** がっき 각끼 명 학기

- □ **新学期** しんがっき 신각끼 명 신학기, 학기 초

- □ **来学期** らいがっき 라이각끼 _명 다음 학기

- □ **教科課程** きょうかかてい 쿄-까까떼- _명 교과 과정

- □ **履修** りしゅう 리슈- _명 이수

- □ **受講** じゅこう 쥬꼬- _명 수강

- □ **受講申請** じゅこうしんせい 쥬꼬-신세- _명 수강 신청

- □ **科目** かもく 카모꾸 _명 과목

- □ **日本語** にほんご 니혼고 _명 일본어

- □ **英語** えいご 에-고 _명 영어

- □ **韓国語** かんこくご 캉꼬꾸고 _명 한국어

- □ **中国語** ちゅうごくご 츄-고꾸고 _명 중국어

- □ **文学** ぶんがく 붕가꾸 _명 문학

- 数学 すうがく 수-가꾸 명 수학
- 科学 かがく 카가꾸 명 과학
  = サイエンス 사이엔스
- 化学 かがく 카가꾸 명 화학
- 物理学 ぶつりがく 부쯔리가꾸 명 물리학
- 生物学 せいぶつがく 세-부쯔가꾸 명 생물학
- 天文学 てんもんがく 템몬가꾸 명 천문학
- 社会学 しゃかいがく 샤까이가꾸 명 사회학
- 政治学 せいじがく 세-지가꾸 명 정치학
- 経済学 けいざいがく 케-자이가꾸 명 경제학
- 会計学 かいけいがく 카이께-가꾸 명 회계학
- 人文学 じんぶんがく 짐분가꾸 명 인문학

- **心理学** しんりがく 신리가꾸 명 심리학
  = **サイコロジー** 사이코로지-

- **歴史学** れきしがく 레끼시가꾸 명 역사학, 사학
  = **史学** しがく 시가꾸

- **地理学** ちりがく 치리가꾸 명 지리학

- **地質学** ちしつがく 치시쯔가꾸 명 지질학

- **倫理学** りんりがく 린리가꾸 명 윤리학

- **哲学** てつがく 테쯔가꾸 명 철학

- **音楽** おんがく 옹가꾸 명 음악

- **美術** びじゅつ 비쥬쯔 명 미술

- **体育** たいいく 타이이꾸 명 체육

- **授業** じゅぎょう 쥬교- 명 수업, 강의

- **講義** こうぎ 코-기 명 강의

- □ **子供教室** こどもきょうしつ 코도모 쿄-시쯔
  - 몡 방과 후 교실

- □ **課外活動** かがいかつどう 카가이까쯔도-
  - 몡 과외활동

- □ **部活動** ぶかつどう 부까쯔도- 클럽 활동, 동아리 활동
  - = **部活** ぶかつ 부까쯔
  - = **クラブ活動** かつどう 쿠라브까쯔도-

- □ **学園祭** がくえんさい 가꾸엔사이 몡 학교 축제
  - = **文化祭** ぶんかさい 분까사이

- □ **質問** しつもん 시쯔몽 몡 질문

- □ **聞きく** 키꾸 동 묻다, 질문하다
  - = **質問** しつもん**する** 시쯔몬스루

- □ **答こたえ** 코따에 몡 대답
  - = **返事** へんじ 헨지

= 回答かいとう 카이또-
= 返答へんとう 헨또-

☐ 答こたえる 코따에루 동 대답하다
= 返事へんじをする 헨지오 스루

☐ 計算けいさんする 케-산스루 동 계산하다

☐ 電卓でんたく 덴따꾸 명 계산기
= 計算機けいさんき 케-산끼

☐ 休やすみ時間じかん 야스미지깡
명 쉬는 시간

☐ 昼休ひるやすみ時間じかん 히루야스미지깡
점심 후의 휴식 시간

☐ 昼ひるの時間じかん 히루노 지깡 점심 시간

☐ 昼ひるご飯はんの時間じかん
히루고항노 지깡 점심때
= 昼飯時ひるめしどき 히루메시도끼

- □ **早弁**はやべん 하야벵
  (학생 등이) 점심 시간 전에 도시락을 먹음

- □ **黒板**こくばん 코꾸방
  몡 칠판(분필을 사용하는 녹색 칠판)

- □ **ホワイトボード** 호와이토보-도
  몡 화이트보드

- □ **文筆**ぶんぴつ 붐삐쯔 몡 분필
  = **チョーク** 쵸-쿠

- □ **黒板**こくばん**ふき** 코꾸방후끼 몡 칠판지우개
  = **黒板消**こくばんけ**し** 코꾸방께시

- □ **教科書**きょうかしょ 쿄-까쇼 몡 교과서

- □ **ノート** 노-토 몡 공책, 필기장
  = **ノートブック** 노-토북쿠
  = **筆記帳**ひっきちょう 힉끼쬬

- □ **付箋**ふせん 후셍 몡 접착식 메모지

- 鉛筆 えんぴつ 엠삐쯔 명 연필

- シャープペンシル 샤-프펜시루 명 샤프펜슬

- ボールペン 보-루펭 명 볼펜

- 万年筆 まんねんひつ 만넨히쯔 명 만년필

- 蛍光 けいこうペン 케-꼬-펭 명 형광펜
  = マーカー 마-카-

- 消け しゴム 케시고무 명 지우개

- 修正 しゅうせいペン 슈-세-펭 명 수정펜

- 修正 しゅうせいテープ 슈-세-테-프 수정테이프

- 修正液 しゅうせいえき 슈-세-에끼 수정액

- ホチキス 호치키스 명 스테이플러

- □ かばん 카방 _명 가방

- □ ランドセル 란도세루
  _명 란도셀(네모난 배낭 형태의 초등학생용 책가방)

- □ 筆記ひっき 힉끼 _명 필기

- □ 筆記ひっきする 힉끼스루 _동 필기하다

- □ ノートをとる 노-토오 토루
  노트에 필기하다

- □ 復習ふくしゅう 후꾸슈- _명 복습

- □ 復習ふくしゅうする 후꾸슈-스루
  _동 복습하다

- □ 予習よしゅう 요슈- _명 예습

- □ 予習よしゅうする 요슈-스루 _동 예습하다

- □ 宿題しゅくだい 슈꾸다이 _명 숙제

□ **宿題しゅくだいを仕上しあげる**
  슈꾸다이오 시아게루 숙제를 끝내다

□ **宿題しゅくだいを課かする** 슈꾸다이오 카스루
  숙제를 내주다

□ **宿題しゅくだいが溜たまる** 슈꾸다이가 타마루
  숙제가 밀리다

□ **レポート** 레포-토 명 보고서, 리포트

□ **提出ていしゅつ** 테-슈쯔 명 제출

□ **提出ていしゅつする** 테-슈쯔스루 동 제출하다
  = **出だす** 다스

□ **テスト** 테스토 명 테스트, 시험
  = **試験**しけん 시껭

□ **中間**ちゅうかん**テスト** 츄-깡 테스토
  명 중간고사

- ☐ **期末きまつテスト** 키마쯔 테스토 [명] 기말고사

- ☐ **入学試験にゅうがくしけん** 뉴-가꾸시껭
  [명] 입학시험, 입시
  = **入試にゅうし** 뉴-시

- ☐ **センター試験しけん** 센타- 시껭
  [명] 대학입학시험

- ☐ **難むずかしい** 무즈까시- [형] 어렵다

- ☐ **やさしい** 야사시- [형] 쉽다

- ☐ **簡単かんたんだ** 칸딴다 [형동] 간단하다

- ☐ **合格ごうかく** 고-까꾸 [명] 합격
  = **パス** 파스

- ☐ **合格ごうかくする** 고-까꾸스루
  [동] (시험에) 합격하다
  = **受うかる** 우까루
  = **パスする** 파스스루

- □ **不合格**ふごうかく 후고-까꾸 명 불합격

- □ **不合格**ふごうかく**になる** 후고-까꾸니 나루
  동 (시험에) 불합격하다
  = **落**お**ちる** 오찌루

- □ **カンニング** 칸닝구 명 커닝(시험 때의 부정 행위)

- □ **カンニングする** 칸닝구스루 동 커닝하다

- □ **成績**せいせき 세-세끼 명 성적
  = **できばえ** 데끼바에

- □ **成績表**せいせきひょう 세-세끼효- 명 성적표

- □ **点数**てんすう 텡수- 명 점수

- □ **単位**たんい 탕이 명 학점

- □ **平均**へいきん 헤-낑 명 평균

- □ **結果**けっか 켁까 명 결과

- □ 落第らくだい 라꾸다이 명 낙제, 유급
  = 留年りゅうねん 류-넹

- □ 評価ひょうか 효-까 명 평가

- □ 評価ひょうかする 효-까스루 동 평가하다

- □ 奨学金しょうがくきん 쇼-가꾸낑 명 장학금

- □ 学位がくい 가꾸이 명 학위

- □ 学士がくし 각시 명 학사

- □ 修士しゅうし 슈-시 명 석사
  = マスター 마스타-

- □ 博士はくし 학시 명 박사
  = ドクター 독타-

- □ 学校がっこうの休やすみ 각꼬-노 야스미
  방학

15

- □ **夏休なつやすみ** 나쯔야스미 [명] 여름 방학

- □ **冬休ふゆやすみ** 후유야스미 [명] 겨울 방학

- □ **放課後ほうかご** 호-까고 [명] 방과 후

- □ **遠足えんそく** 엔소꾸 [명] 소풍
  = **ピクニック** 피쿠닉쿠

- □ **運動会うんどうかい** 운도-까이 [명] 운동회

- □ **図書館としょかん** 토쇼깡 [명] 도서관

- □ **学校がっこうの制服せいふく** 각꼬-노 세-후꾸
  교복
  = **校服こうふく** 코-후꾸

- □ **スクールバス** 스쿠-루바스 [명] 스쿨버스

ユニット 16. 직업
職業 쇼꾸교-   MP3. U16

- ☐ **職業**しょくぎょう 쇼꾸교- 몡 직업
    - = **職**しょく 쇼꾸
    - = **生業**せいぎょう/なりわい 세-교-/나리와이

- ☐ **仕事**しごと 시고또 몡 일
    - = **ワーク** 와-쿠

- ☐ **働**はたらく 하따라꾸 동 일하다

- ☐ **会社**かいしゃ 카이샤 몡 회사

- ☐ **事務所**じむしょ 지무쇼 몡 사무실

- ☐ **専門職**せんもんしょく 셈몬쇼꾸 몡 전문직

- ☐ **業務**ぎょうむ 교-무 몡 업무

- ☐ **残業**ざんぎょう 장교- 몡 잔업

□ **夜勤** やきん 야낑 명 야근

□ **仕事中毒** しごとちゅうどく 시고또 츄도꾸
  명 일 중독자, 일벌레
  = **ワーカホリック** 와-카호릭쿠

□ **出張** しゅっちょう 슛쬬- 명 출장

□ **部署** ぶしょ 부쇼 명 부서
  = **持ち場** もちば 모찌바

□ **総務部** そうむぶ 소-무부 명 총무부

□ **経理部** けいりぶ 케-리부 명 경리부

□ **人事部** じんじぶ 진지부 명 인사부

□ **営業部** えいぎょうぶ 에-교-부 명 영업부

□ **マーケティング部** ぶ 마-케팅구부
  명 마케팅부

- □ **広報部**こうほうぶ 코-호-부 홍보부

- □ **企画部**きかくぶ 키까꾸부 기획부

- □ **研究開発部**けんきゅうかいはつぶ
  켕뀨까이하쯔부 연구개발부

- □ **生産部**せいさんぶ 세-삼부 생산부

- □ **購買部**こうばいぶ 코-바이부 구매부

- □ **配送部**はいそうぶ 하이소-부 물류부

- □ **お客様**きゃくさま**センター** 오꺅사마센타-
  고객 서비스부

- □ **編集部**へんしゅうぶ 헨슈-부 편집부

- □ **デザイン部**ぶ 데자임부 디자인부

- □ **文書**ぶんしょ 분쇼 [명] 문서, 서류
  = **書類**しょるい 쇼루이

- □ **会議**かいぎ 카이기 명 회의

- □ **週間会議**しゅうかんかいぎ 슈-깡 카이기
  주간 회의

- □ **月間会議**げっかんかいぎ 겍깡 카이기 월간 회의

- □ **会議室**かいぎしつ 카이기시쯔 회의실

- □ **発表**はっぴょう 합뾰- 명 발표

- □ **プレゼンテーション** 푸레젠테-숑
  명 프레젠테이션

- □ **議題**ぎだい 기다이 명 안건, 의제

- □ **主**おもな**議題**ぎだい 오모나기다이 주요 의제

- □ **同僚**どうりょう 도-료- 명 동료

- □ **位置**いち 이찌 명 지위
  = **身分**みぶん 미붕

☐ **職位**しょくい 쇼꾸이 명 직위

☐ **上司**じょうし 죠-시 명 상사(직장의 윗사람)
  = **上役**うわやく 우와야꾸

☐ **部下**ぶか 부까 명 부하(지위가 낮은 사람)
  = **下役**したやく 시따야꾸
  = **下**した**の者**もの 시따노 모노

☐ **正社員**せいしゃいん 세-샤잉 명 정직원, 정규직
  = **正規雇用**せいきこよう 세-끼꼬요-

☐ **非正社員**ひせいしゃいん 히세-샤잉
  임시직원, 비정규직
  = **非正規雇用**ひせいきこよう 히세-끼꼬요-
  = **パート** 파-토

☐ **指導者**しどうしゃ 시도-샤 명 지도자, 리더
  = **リーダー** 리-다-

16

- 会長 かいちょう 카이쬬- 명 회장
- 社長 しゃちょう 샤쬬- 명 사장
- 副社長 ふくしゃちょう 후꾸샤쬬- 명 부사장
- 理事 りじ 리지 명 이사
- 取締役 とりしまりやく 토리시마리야꾸 명 중역
- 部長 ぶちょう 부쬬- 명 부장
- 局長 きょくちょう 쿄꾸쬬- 명 국장
- 管理係 かんりかかり 칸리까까리 명 관리자
- 課長 かちょう 카쬬- 명 과장
- 社員 しゃいん 샤잉 명 사원
- 昇進 しょうしん 쇼-싱 명 승진
- 昇進する しょうしんする 쇼-신스루 동 승진하다

☐ **給料** きゅうりょう 큐-료- 몡 봉급, 급여
= **サラリー** 사라리-

☐ **月給** げっきゅう 겍뀨- 몡 월급

☐ **賃金** ちんぎん 친깅 몡 임금
= **労銀** ろうぎん 로-깅

☐ **年俸** ねんぽう 넴뽀- 몡 연봉

☐ **サラリーマン** 사라리-망 몡 샐러리맨, 봉급 생활자

☐ **OL** オーエル 오-에루 몡 직장 여성

☐ **基本給** きほんきゅう 키혼뀨- 몡 기본급

☐ **最低賃金** さいていちんぎん 사이떼- 칭깅 몡 최저 임금

☐ **賃上** ちんあげ 칭아게 몡 임금 인상
= **ベア** 베아

□ **賃下**ちんさげ 칭사게 명 임금 인하

□ **賃金削減**ちんぎんさくげん 칭깅 사꾸겡
임금 삭감
= **賃金**ちんぎん**カット** 칭깅 캇토

□ **賃金凍結**ちんぎんとうけつ 칭깅 토-께쯔
임금 동결

□ **ボーナス** 보-나스 명 상여금, 보너스

□ **手当**てあて 테아떼 명 수당

□ **出張手当**しゅっちょうてあて 슛쪼-떼아떼
출장 수당

□ **夜勤手当**やきんてあて 야낀떼아떼 야근 수당

□ **残業手当**ざんぎょうてあて 장교-떼아떼
잔업 수당

- □ **家族手当**かぞくてあて 카조꾸떼아떼
  가족 수당

- □ **税金**ぜいきん 제-낑 [명] 세금

- □ **県税**けんぜい 켄제-
  [명] 현세(현에서 부과 징수하는 세금)

- □ **天引**てんびき 템비끼 [명] 공제
  = **控除**こうじょ 코-죠

- □ **天引**てんびき**する** 템비끼스루 [동] 공제하다
  = **控除**こうじょ**する** 코-죠스루

- □ **雇用保険**こようほけん 코요-호껭 고용보험

- □ **健康保険**けんこうほけん 켄꼬-호껭
  건강보험

- □ **年金**ねんきん 넹낑 [명] 연금

- □ **年金基金**ねんきんききん 넹낑끼낑 연금기금

□ **出勤**しゅっきん 슉낑 _명 출근

□ **出勤**しゅっきん**する** 슉낀스루 _동 출근하다

□ **相乗**あいのり 아이노리
_명 (차에) 같이 탐; 합승함

□ **カープール** 카-프-루 _명 카풀(승용차 함께 타기)

□ **車**くるま**の相乗**あいのり**する**
쿠루마노 아이노리스루 카풀을 하다

□ **交通渋滞**こうつうじゅうたい 쿄-쯔-쥬-따이
_명 교통체증

□ **混雑時間**こんざつじかん 콘자쯔지깡
_명 혼잡 시간, 러시아워
= **ラッシュアワー** 랏슈아와-

□ **退勤**たいきん 타이낑 _명 퇴근, 귀가
= **帰宅**きたく 키따꾸

- □ 退勤たいきんする 타이낀스루 동 퇴근하다, 돌아가다
  = 帰かえる 카에루

- □ スト 스토 명 파업

- □ ストライキする 스토라이키스루
  동 파업하다

- □ 退職たいしょく 타이쇼꾸 명 퇴직

- □ 退職たいしょくする 타이쇼꾸스루
  동 퇴직하다

- □ 希望退職きぼうたいしょく 키보-따이쇼꾸
  명 명예퇴직, 희망퇴직

- □ 退職者たいしょくしゃ 타이쇼꾸샤 퇴직자

- □ 退職金たいしょくきん 타이쇼꾸낑 명 퇴직금

- □ 引退いんたい 인따이 명 은퇴

□ 引退いんたいする 인따이스루 통 은퇴하다

□ 引退者いんたいしゃ 인따이샤 은퇴자

□ 辞任じにん 지닝 명 사임, 사퇴
= 辞職じしょく 지쇼꾸

□ 辞職じしょくする 지쇼꾸스루 통 사직하다, 사퇴하다
= 辞やめる 야메루

□ 解雇かいこ 카이꼬 명 해고
= お払箱はらいばこ 오하라이바꼬

□ 首くびにする 쿠비니 스루 해고하다
= 解雇かいこする 카이꼬스루

□ 首くびになる 쿠비니 나루 해고되다
= 解雇かいこになる 카이꼬니 나루

□ 失職しっしょく 싯쇼꾸 명 실직
= 失業しつぎょう 시쯔교-

☐ **リストラ** 리스토라 명 (기업의) 구조조정
 = **リストラクチャリング**
　　리스토라쿠챠링구

☐ **休暇**きゅうか 큐—까 명 휴가
 = **休**やすみ 야스미

☐ **休職**きゅうしょく 큐—쇼꾸 명 휴직

☐ **有給休暇**ゆうきゅうきゅうか 유—뀨— 큐—까
 명 유급 휴가
 = **有休**ゆうきゅう 유—뀨—

☐ **出産休暇**しゅっさんきゅうか 슛상 큐—까
 명 출산 휴가
 = **産休**さんきゅう 상뀨—

☐ **病気休暇**びょうききゅうか 뵤—끼 큐—까
 명 병가

☐ **病欠**びょうけつ 뵤—께쯔 명 병결

- □ 販売員 はんばいいん 함바이잉 명 판매원
  = セールスマン 세-루스망

- □ 商人 しょうにん 쇼-닝 명 상인, 장사꾼
  = あきんど 아낀도

- □ 貿易商 ぼうえきしょう 보-에끼쇼- 무역상

- □ 商社 しょうしゃマン 쇼-샤망
  상사맨(상사에 다니는 직원)

- □ プログラマー 프로구라마- 명 프로그래머

- □ 裁判官 さいばんかん 사이방깡 명 재판관, 법관

- □ 判事 はんじ 한지 명 판사

- □ 弁護士 べんごし 벵고시 명 변호사

- □ 会計士 かいけいし 카이께-시 명 회계사

- □ 警察 けいさつ 케-사쯔 명 경찰

- ☐ 消防士 しょうぼうし 쇼-보-시 몡 소방관

- ☐ 郵便配達人 ゆうびんはいたつにん
  유-빙하이따쯔닝 몡 우편배달부

- ☐ 教師 きょうし 쿄-시 몡 교사, 선생
  = 先生 せんせい 센세-

- ☐ アナウンサー 아나운사- 몡 아나운서

- ☐ 記者 きしゃ 키샤 몡 기자

- ☐ 政治家 せいじか 세-지까 몡 정치인
  = 政客 せいかく 세-까꾸

- ☐ エンジニア 엔지니아 몡 엔지니어

- ☐ 建築家 けんちくか 켕찌꾸까 몡 건축가

- ☐ 配管工 はいかんこう 하이깡꼬- 몡 배관공

- ☐ 整備工 せいびこう 세-비꼬- 몡 정비공

- □ **調理人** ちょうりにん 쵸-리닝 몡 요리사
  - = **料理人** りょうりにん 료-리닝
  - = **コック** 콕쿠

- □ **板前** いたまえ 이따마에 몡 (일본 요리의) 요리사

- □ **料理長** りょうりちょう 료-리쬬- 몡 주방장, 셰프
  - = **コック長** ちょう 콕쿠쬬-
  - = **シェフ** 셰후

- □ **寿司職人** すししょくにん 스시 쇼꾸닝
  초밥 전문가

- □ **パン職人** しょくにん 팡 쇼꾸닝 몡 제빵업자

- □ **店員** てんいん 텡잉 몡 점원

- □ **従業員** じゅうぎょういん 쥬-교-잉 몡 종업원

- □ **ウエーター** 우에-타- 몡 웨이터

□ **ウエートレス** 우에-토레스 명 웨이트리스

□ **科学者**かがくしゃ 카가꾸샤 명 과학자

□ **医者**いしゃ 이샤 명 의사
  = **医師**いし 이시
  = **ドクター** 독타-

□ **歯医者**はいしゃ 하이샤 명 치과의사

□ **獣医師**じゅういし 쥬-이시 명 수의사

□ **看護師**かんごし 캉고시 명 간호사

□ **薬剤師**やくざいし 야꾸자이시 명 약사

□ **美容師**びようし 비요-시 명 미용사,
  헤어 디자이너
  = **ヘアドレッサー** 헤아도렛사-

□ **エステティシャン** 에스테티샹
  전신 미용사(피부 미용 관리사)

□ 花屋はなやさん 하나야상 명 꽃집 주인, 플로리스트
= フローリスト 후로-리스토

□ 農夫のうふ 노-후 명 농부

□ 漁師りょうし 료-시 명 어부

□ 秘書ひしょ 히쇼 명 비서

□ キュレーター 큐레-타- 명 큐레이터

□ 司書ししょ 시쇼 명 (도서관) 사서

□ フリーター 후리-타- 명 프리터

□ ヘルパー 헤루파- 명 가사 도우미

□ 清掃作業員せいそうさぎょういん 세-소-사교-잉 청소미화원

□ 雇用こよう 코요- 명 고용

- 雇やとう 야또우 동 고용하다

- 雇い主やといぬし 야또이누시 명 고용주

- 雇い人やといにん 야또이닝 명 고용인; 사원, 직원
    = 社員しゃいん 샤잉
    = 職員しょくいん 쇼꾸잉

- 求人きゅうじん 큐-징 명 구인

- 社員募集しゃいんぼしゅう 샤잉 보슈- 사원모집

- 新入社員しんにゅうしゃいん 신뉴-샤잉 명 신입사원

- 求職きゅうしょく 큐-쇼꾸 명 구직

- 応募おうぼ 오-보 명 응모

- 志願しがん 시강 명 지원

- ☐ **志願しがんする** 시강스루 [동] 지원하다, 지망하다
 = **志望しぼうする** 시보-스루

- ☐ **入社試験にゅうしゃしけん** 뉴-샤시껭
 입사시험

- ☐ **面接めんせつ** 멘세쯔 [명] 면접

- ☐ **面接めんせつする** 멘세쯔스루 [동] 면접하다

- ☐ **履歴書りれきしょ** 리레끼쇼 [명] 이력서

- ☐ **自己紹介じこしょうかい** 지꼬쇼-까이
 [명] 자기소개, 프로필
 = **プロフィール** 프로휘-루

- ☐ **就職活動しゅうしょくかつどう**
 슈-쇼꾸 카쯔도- 취직 활동, 취업 활동

- ☐ **内定ないてい** 나이떼- 내정

- □ **新卒** しんそつ 신소쯔 (그 해의) 새 졸업자

- □ **新卒採用** しんそつさいよう 신소쯔사이요- 신규 졸업자 채용

- □ **経歴** けいれき 케-레끼 [명] 경력

- □ **職歴** しょくれき 쇼꾸레끼 [명] 직업 경력

- □ **学歴** がくれき 가꾸레끼 [명] 학력

16

ユニット 17. 음식점 & 카페
レストラン・カフェ 레스토랑·카훼 MP3. U17

☐ **レストラン** 레스토랑 명 음식점, 레스토랑
  = **食堂**しょくどう 쇼꾸도-
  = **飲食店**いんしょくてん 인쇼꾸뗑

☐ **カフェ** 카훼 명 카페, 찻집
  = **喫茶店**きっさてん 킷사뗑
  = **コーヒーショップ** 코-히-숍프

☐ **食**た**べ物**もの 타베모노 명 음식

☐ **料理**りょうり 료-리 명 요리

☐ **食**た**べる** 타베루 동 먹다

☐ **飲**の**む** 노무 동 마시다

☐ **メニュー** 메뉴- 명 차림표, 식단, 메뉴
  = **お品書**しながき 오시나가끼

- ☐ **日替ひがわりメニュー** 히가와리 메뉴-
  오늘의 메뉴
  = **今日きょうのメニュー** 쿄-노 메뉴-

- ☐ **お勧すすめメニュー** 오스스메 메뉴-
  명 추천 메뉴

- ☐ **特選とくせんメニュー** 톡셈 메뉴-
  명 특선 메뉴
  = **スペシャルメニュー** 스페샤루 메뉴-

- ☐ **予約よやく** 요야꾸 명 예약

- ☐ **予約よやくする** 요야꾸스루 동 예약하다

- ☐ **お勧すすめ** 오스스메 명 추천

- ☐ **お勧すすめする** 오스스메스루 동 추천하다

- ☐ **注文ちゅうもん** 츄-몽 명 주문
  = **オーダー** 오-다-

- ☐ **注文ちゅうもんする** 츄-몬스루 동 주문하다
  = **オーダーする** 오-다-스루

- ☐ **お持もち帰かえり** 오모찌까에리
  명 가지고 돌아감(포장판매. 테이크아웃)

- ☐ **前菜料理ぜんさいりょうり** 젠사이 료-리
  명 전채요리, 애피타이저
  = **先付さきづけ料理りょうり** 사끼즈께 료-리
  = **オードブル** 오-도브루

- ☐ **メイン料理りょうり** 메잉 료-리
  명 메인 요리

- ☐ **付つけ合あわせ料理りょうり**
  츠께아와세 료-리 명 곁들이는 요리

- ☐ **箸休はしやすめ** 하시야스메 입가심 요리

- ☐ **和食料理わしょくりょうり** 와쇼꾸 료-리
  일본식 요리

- **懐石料理**かいせきりょうり 카이세끼 료-리
  카이세키 요리

- **洋食料理**ようしょくりょうり 요-쇼꾸 료-리
  양식 요리

- **点心**てんしん 텐싱 (점심 전) 가벼운 식사, 간식

- **お弁当**べんとう 오벤또- 도시락

- **おつまみ** 오쯔마미 술 안주; 간단한 찬

- **デザート** 데자-토 [명] 디저트

- **食材**しょくざい 쇼꾸자이 [명] 음식 재료

- **惣菜**そうざい 소-자이 부식, 반찬류
  = **おかず** 오까즈

- **ロース** 로-스 [명] 등심

- **ヒレ肉**にく 히레니꾸 [명] 안심

- □ **ばら肉**にく 바라니꾸 명 갈비

- □ **焼**やき**肉**にく 야끼니꾸 명 불고기

- □ **カルビ** 카루비 명 갈비(한식)

- □ **ステーキ** 스테-키 명 스테이크

- □ **ウェルダン** 웨루당
  명 (스테이크 등이) 충분히 익히는 것

- □ **ミディアム** 미디아무
  명 (스테이크 등이) 중간쯤 익은 정도

- □ **レア** 레아 명 (스테이크 등이) 살짝 익은 정도

- □ **汁物**しるもの 시루모노 명 국, 수프
  = **スープ** 스-프

- □ **味噌汁**みそしる 미소시루 명 된장국

- □ **ご飯**はん 고항 명 밥

- 寿司すし 스시 몡 초밥

- 回転寿司かいてんずし 카이뗀즈시
  몡 회전초밥

- 刺身さしみ 사시미 몡 회

- 牛丼ぎゅうどん 규-동 몡 소고기 덮밥

- 鍋料理なべりょうり 나베 료-리 몡 전골 요리

- ラーメン 라-멩 몡 라면

- ざるそば 자루소바 몡 냉모밀

- 唐揚からあげ 카라아게 일본식 닭튀김

- フライドポテト 후라이도 포테토 감자튀김

- 漬物つけもの 츠께모노
  절임(소금이나 된장에 절인 반찬)
  = お新香しんこ 오싱꼬

- □ 焼やき魚ざかな 야끼자까나 명 생선구이

- □ 卵焼たまごやき 타마고야끼 명 달걀말이

- □ サラダ 사라다 명 샐러드

- □ ドレッシング 도렛싱구 명 드레싱

- □ わさび 와사비 명 고추냉이

- □ 魚さかな 사까나 명 생선

- □ 白身魚しろみざかな 시로미자까나 흰살 생선

- □ 赤身魚あかみざかな 아까미자까나 붉은살 생선

- □ 青魚あおざかな 아오자까나 등푸른 생선

- □ カニ 카니 명 게

- □ オマール海老えび 오마-루 에비
  명 바닷가재, 랍스터
  = ロブスター 로브스타-

- 貝かい 카이 명 조개

- 蛤はまぐり 하마구리 명 대합

- 貽貝いがい 이가이 명 홍합

- アワビ 아와비 명 전복

- カキ 카키 명 굴

- 茸きのこ 키노꼬 명 버섯

- マッシュルーム 맛슈루-무
  명 양송이 버섯

- 枝豆えだまめ 에다마메 명 풋콩

- 小豆あずき 아즈끼 명 팥

- カキ氷ごおり 카키고-리 명 빙수

- ヨーグルト 요-구루토 명 요구르트

- □ **アイスクリーム** 아이스쿠리-무
  몡 아이스크림

- □ **プリン** 푸링 몡 푸딩

- □ **チーズ** 치-즈 몡 치즈

- □ **チョコレート** 쵸코레-토 몡 초콜릿

- □ **飴**あめ 아메 몡 사탕

- □ **おにぎり** 오니기리 몡 주먹밥(삼각김밥)

- □ **餅**もち 모찌 몡 떡; 찰떡

- □ **餃子**ぎょうざ 교-자 몡 만두

- □ **饅頭**まんじゅう 만쥬- 몡 찐빵

- □ **パン** 팡 몡 빵

- □ **ガーリックパン** 가-릭쿠팡 몡 마늘빵

- □ フランスパン 후랑스팡 명 바게트
  = バゲット 바겟토

- □ クロワッサン 쿠로왓상 명 크루아상

- □ 食しょくパン 쇼꾸팡 명 식빵

- □ アンパン 암팡 명 팥빵

- □ メロンパン 메롬팡 명 멜론빵

- □ 菓子かしパン 카시팡
  명 (식빵이 아닌) 단 빵(편의점 등에서 파는 단순한 빵)

- □ ハンバーガー 함바-가- 명 햄버거

- □ ケーキ 케-키 명 케이크

- □ ホットケーキ 홋토케-키 명 팬케이크
  = パンケーキ 팡케-키

- □ お菓子かし 오까시 명 과자

- クッキー 쿠키- 명 쿠키

- 煎餅せんべい 셈베- 명 센베이, 구운 납작 과자(일본식 쌀과자)

- クレープ 쿠레-프 크레페

- グミ 구미 명 젤리

- 生なまクリーム 나마쿠리-무 명 생크림

- 飲のみ物もの 노미모노 명 음료, 마실 것

- コーヒー 코-히- 명 커피

- ノンカフェインコーヒー
  농카훼잉 코-히- 카페인 없는 커피

- エスプレッソ 에스프렛소 명 에스프레소

- カフェラテ 카훼라테 명 카페라테

- カフェオレ 카훼오레 명 카페오레

- □ カプチーノ 카프치-노 [명] 카푸치노

- □ カフェモカ 카훼모카 [명] 카페모카

- □ ホットコーヒー 홋토 코-히- 따뜻한 커피

- □ アイスコーヒー 아이스 코-히- [명] 아이스커피

- □ 砂糖さとう 사또- [명] 설탕

- □ (ガム)シロップ (가무)시롭프 [명] 시럽

- □ お茶ちゃ 오쨔 [명] 차

- □ 緑茶りょくちゃ 록쨔 [명] 녹차

- □ 抹茶まっちゃ 맛쨔 [명] 말차, 가루차

- □ 抹茶まっちゃラテ 맛쨔 라테 [명] 말차 라테

- □ 紅茶こうちゃ 코-쨔 [명] 홍차

- □ ミルクティー 미르쿠티- 명 밀크티

- □ ハーブ茶ちゃ 하-브쨔 명 허브차

- □ ウーロン茶ちゃ 우-론쨔 명 우롱차

- □ 麦茶むぎちゃ 무기쨔 명 보리차

- □ 牛乳ぎゅうにゅう 규-뉴- 명 우유
  = ミルク 미르쿠

- □ ジュース 쥬-스 명 주스

- □ オレンジジュース 오렌지 쥬-스
  명 오렌지 주스

- □ 炭酸飲料たんさんいんりょう 탄상 잉료-
  명 탄산음료

- □ コーラ 코-라 명 콜라

- □ ジンジャーエール 진쟈-에-루
  명 진저에일(생강을 넣은 탄산음료)

- □ 炭酸水 たんさんすい 탄산스이 명 탄산수

- □ 氷 こおり 코-리 명 얼음

- □ 酒 さけ 사께 명 술

- □ 日本酒 にほんしゅ 니혼슈 명 일본 전통 술

- □ 熱燗 あつかん 아쯔깡 따뜻하게 데운 술

- □ シャンパン 샴팡 명 샴페인

- □ ビール 비-루 명 맥주

- □ ウィスキー 위스키- 명 위스키

- □ ワイン 와잉 명 포도주, 와인

- □ 酎 ちゅうハイ 츄-하이
  명 츄하이(소주에 탄산수를 탄 저알콜 음료)

- □ グラス 구라스 명 (유리)컵
  = コップ 콥프

- ☐ **湯ゆのみ** 유노미 몡 찻잔
  = **ティーカップ** 티-캅프

- ☐ **ストロー** 스토로- 몡 빨대

- ☐ **勘定**かんじょう 칸죠- 몡 계산

- ☐ **勘定書**かんじょうがき 칸죠-가끼 몡 계산서

- ☐ **ナプキン** 나프킹 몡 냅킨

- ☐ **おしぼり** 오시보리 몡 물수건

- ☐ **箸**はし 하시 몡 젓가락

- ☐ **スプーン** 스푸-o 몡 숟가락

- ☐ **ティースプーン** 티-스푸-o 몡 찻숟가락

- ☐ **フォーク** 호-쿠 몡 포크

- ☐ **味**あじ 아지 몡 맛

- 塩辛しおからい 시오까라이 [형] (맛이) 짜다
  = しょっぱい 숍빠이

- 甘あまい 아마이 [형] (맛이) 달다

- 辛からい 카라이 [형] (맛이) 맵다

- 酸すっぱい 습빠이 [형] (맛이) 시다

- 苦にがい 니가이 [형] (맛이) 쓰다

- あっさり 앗사리 [형] (맛이) 담백하다

- さっぱり 삽빠리 [부] (맛이) 담박한 느낌

- 脂あぶらっこい 아부락꼬이 [형] 느끼하다
  = こってり 콧떼리

- 生臭なまぐさい 나마구사이 [형] 비린내가 나다

ユニット 18. 상점
店 미세

MP3. U18

□ 店みせ 미세 몡 가게, 상점

□ 市場いちば 이찌바 몡 시장

□ 蚤のみの市いち 노미노 이찌 벼룩시장
 = フリーマーケット 후리-마-켓토

□ 商店街しょうてんがい 쇼-뗀가이 상점가

□ ショッピングセンター 숍핑구센타-
 쇼핑센터

□ スーパー 스-파- 몡 슈퍼마켓
 = スーパーマーケット 스-파-마-켓토

□ デパート 데파-토 몡 백화점
 = 百貨店ひゃっかてん 학까뗑

□ デパ地下ちか 데파 치까 백화점 지하(식료품점)

- ☐ **食料品店** しょくりょうひんてん 쇼꾸료-힌뗑
  - 몡 식료품 가게

- ☐ **薬局** やっきょく 약꾜꾸 몡 약국
  - = **薬屋** くすりや 쿠스리야

- ☐ **ドラッグストア** 도락구스토아
  - 몡 드러그스토어

- ☐ **買かい物もの** 카이모노 몡 쇼핑(물건을 삼)
  - = **ショッピング** 숍핑구

- ☐ **購入** こうにゅう 코-뉴- 몡 구매, 구입
  - = **仕入** しいれ 시이레

- ☐ **買かう** 카우 동 사다, 구입하다
  - = **購入こうにゅうする** 코-뉴-스루

- ☐ **販売** はんばい 함바이 몡 판매

- ☐ **売うる** 우루 동 팔다, 판매하다
  - = **販売はんばいする** 함바이스루

- □ **売**うり**場**ば 우리바 몡 파는 곳, 판매장

- □ **商品**しょうひん 쇼-힝 몡 상품, 물건
  - = **品物**しなもの 시나모노
  - = **グッズ** 굿즈

- □ **冷凍食品**れいとうしょくひん 레-또-쇼꾸힝
  몡 냉동식품

- □ **冷蔵食品**れいぞうしょくひん 레-조-쇼꾸힝
  몡 냉장식품

- □ **農産物**のうさんぶつ 노-삼부쯔 몡 농산물

- □ **水産物**すいさんぶつ 스이삼부쯔 몡 수산물

- □ **乳製品**にゅうせいひん 뉴-세-힝 몡 유제품

- □ **インスタント食品**しょくひん
  인스탄토 쇼꾸힝 몡 인스턴트 식품

- □ **レトルト食品**しょくひん 레토루토 쇼꾸힝
  몡 레토르트 식품

264

- 工業製品 こうぎょうせいひん 코-교-세-힝
  - 명 공산품

- 電化製品 でんかせいひん 뎅까세-힝
  - 전자 제품
  - = 電気製品 でんきせいひん 뎅끼세-힝

- 家電製品 かでんせいひん 카뎅세-힝
  - 가전 제품

- 在庫 ざいこ 자이꼬 명 재고
  - = ストック 스톡쿠

- 品切 しなぎれ 시나기레 명 품절

- 支払 しはらう 시하라우 동 지불하다

- 代金引換 だいきんひきかえ 다이낑 히끼까에
  - 대금 지불
  - = 代引 だいびき 다이비끼

- **クレジットカード** 쿠레짓토카ー도
  - 몡 신용카드

- **カード払**ばら**い** 카ー도바라이 신용카드 지불

- **現金**げんきん 겡낑 몡 현금
  - = **キャッシュ** 캿슈

- **現金払**げんきんばら**い** 겡낑바라이 현금 지불

- **おつり** 오쯔리 몡 거스름돈

- **変**か**える** 카에루 동 바꾸다
  - = **チェンジする** 쳉지스루

- **払**はら**い戻**もど**す** 하라이모도스 동 환불하다

- **払**はら**い戻**もど**し** 하라이모도시 몡 환불

- **返品**へんぴん 헴삥 몡 반품

- **返品**へんぴん**する** 헴삥스루 동 반품하다

- □ **レシート** レ시-토 명 영수증

- □ **領収証** りょうしゅうしょう 료-슈-쇼-
  명 영수증; 증거 서류
  = **受取証** うけとりしょう 우께또리쇼-

- □ **請求書** せいきゅうしょ 세-뀨-쇼 명 청구서, 계산서
  = **書き付け** かきつけ 카끼쯔께

- □ **客** きゃく 캬꾸 명 손님, 고객

- □ **店員** てんいん 텡잉 명 점원, 판매원
  = **販売員** はんばいいん 함바이잉

- □ **物売り屋** ものうりや 모노우리야 명 행상인

- □ **会計** かいけい 카이께- 명 계산

- □ **レジ** 레지 명 계산대
  = **カウンター** 카운타-

- **レジ係**かかり 레지까까리 [명] 계산원

- **高**たかい 타까이 [형] 비싸다

- **高価**こうか 코-까 [명] 고가(값이 비쌈)

- **安**やすい 야스이 [형] (값이) 싸다

- **安価**あんか 앙까 [명] 염가(값이 쌈)
  = **廉価**れんか 렝까

- **経済的**けいざいてきだ 케-자이떼끼다
  [형동] 경제적이다, 절약적이다

- **リーズナブル** 리-즈나브루
  [명] (가격 등이) 적당함, 비싸지 않음

- **節約**せつやく 세쯔야꾸 [명] 절약

- **節約**せつやく**する** 세쯔야꾸스루
  [동] 절약하다

- □ **割引**わりびき 와리비끼 몡 할인
  = **値引**ねびき 네비끼

- □ **割引**わりびき**する** 와리비끼스루 동 할인하다

- □ **特売**とくばい 토꾸바이 몡 특매

- □ **安価販売**あんかはんばい 앙까 함바이
  염가 판매

- □ **セール** 세-루 몡 할인 판매
  = **バーゲン** 바-겡

- □ **年末**ねんまつ**セール** 넴마쯔 세-루
  연말 할인 판매

- □ **割増**わりまし 와리마시 몡 할증

- □ **値下**ねさ**げ** 네사게 몡 가격인하

- □ **値上**ねあ**げ** 네아게 몡 가격인상

- □ **閉店**へいてん**セール** 헤-뗑 세-루

    (폐점을 위한) 점포 정리 판매

    = **店仕舞**みせじまい**売**うり**出**だし

    미세지마이 우리다시

- □ **一掃**いっそう**セール** 잇소- 세-루

    재고 정리 세일

- □ **チャリティーバザー** 챠리티-바자-

    몡 자선 바자

- □ **販売促進**はんばいそくしん 함바이속싱

    판매 촉진

- □ **販促物**はんそくぶつ 한소꾸부쯔 판촉물, 판촉품

- □ **品質**ひんしつ 힌시쯔 몡 품질

    = **しながら** 시나가라

- □ **賞味期限**しょうみきげん 쇼-미끼겡 유통기한

- □ **小売店**こうりてん 코-리뗑 몡 소매점

- 軒店のきみせ 노끼미세 구멍가게

- 果物屋くだものや 쿠다모노야 명 과일 가게

- 八百屋やおや 야오야 명 채소 가게

- アイスクリーム屋や 아이스쿠리-무야 아이스크림 가게

- 肉屋にくや 니꾸야 명 정육점

- 魚屋さかなや 사까나야 생선 가게

- パン屋や 팡야 명 빵집

- スイーツ店てん 스이-쯔뗑 (서양) 디저트 가게

- スイーツ 스이-쯔 서양 디저트 음식

- デザート 데자-토 디저트

- 和菓子わがし 와가시 일본식 디저트 음식(과자)

- 洋菓子ようがし 요-가시 서양 디저트 음식(과자)

- カフェ 카훼 [명] 카페, 찻집
  = 喫茶店きっさてん 킷사뗑
  = コーヒーショップ 코-히-숍프

- 酒屋さかや 사까야 주류 판매점

- 花屋はなや 하나야 [명] 꽃집

- 宝石店ほうせきてん 호-세끼뗑 [명] 보석 가게
  = ジュエリーショップ 쥬에리-숍프

- 眼鏡屋めがねや 메가네야 [명] 안경점

- 服屋ふくや 후꾸야 [명] 옷가게

- 服ふく 후꾸 [명] 옷
  = 洋服ようふく 요-후꾸

- ハンガー 항가- [명] 옷걸이
  = 洋服掛ようふくかけ 요-후꾸까께

- □ マネキン 마네킹 명 마네킹

- □ 鏡かがみ 카가미 명 거울

- □ サイズ 사이즈 명 사이즈

- □ 試着室しちゃくしつ 시쨔꾸시쯔 명 피팅룸, 탈의실
  = フィッティングルーム 휫팅구루-무

- □ 靴屋くつや 쿠쯔야 명 신발 가게

- □ スポーツ用品店ようひんてん 스포-츠요-힌뗑 명 스포츠용품점

- □ 美容院びょういん 비요-잉 명 미용실
  = ヘアサロン 헤아사롱

- □ 床屋とこや 토꼬야 명 이발소
  = 散髪屋さんぱつや 삼빠쯔야

- □ **本屋** ほんや 홍야 [명] 서점
  = **書店** しょてん 쇼뗑

- □ **古本屋** ふるほんや 후루홍야 [명] 헌책방

- □ **文具店** ぶんぐてん 붕구뗑 [명] 문구점

- □ **玩具屋** おもちゃや 오모쨔야 [명] 장난감 가게

- □ **旅行会社** りょこうかいしゃ 료꼬-까이샤
  여행사

- □ **不動産** ふどうさん 후도-상 [명] 부동산(중개업소)

- □ **化粧品店** けしょうひんてん 케쇼-힌뗑
  화장품 가게

- □ **化粧品** けしょうひん 케쇼-힝 화장품

- □ **化粧水** けしょうすい 케쇼-스이
  [명] 스킨(세면 직후 바르는 액체 타입의 화장품)

- □ **乳液** にゅうえき 뉴-에끼 [명] 로션

- ☐ **UVユーブイクリーム** 유-브이쿠리-무
  - 명 자외선 차단제, 썬크림

- ☐ **ファンデーション** 환데-숑
  - 명 파운데이션(화장품)

- ☐ **パウダー** 파우다- 명 (화장용) 분, 파우더

- ☐ **粉こなおしろい** 코나오시로이 가루분

- ☐ **コンパクト** 콤파쿠토
  - 명 콤팩트(거울이 달린 휴대용 화장 도구)

- ☐ **口紅くちべに** 쿠찌베니 명 립스틱
  - = **リップ** 립프

- ☐ **マスカラ** 마스카라 명 마스카라

- ☐ **アイライナー** 아이라이나- 명 아이라이너

- ☐ **チーク** 치-쿠 명 블러셔, 볼연지

- □ マニキュア 마니큐아 명 매니큐어, 네일
  = ネール 네-루
  = ネイル 네이루

- □ 香水店 こうすいてん 코-스이뗑 명 향수 가게

- □ 香水 こうすい 코-스이 명 향수

- □ クリーニング屋 や 쿠리-닝구야
  명 세탁소

- □ ドライクリーニング 도라이쿠리-닝구
  명 드라이클리닝

- □ アイロン掛 がけ 아이롱가께 명 다림질

- □ 染 しみ 시미 명 얼룩

- □ 染 しみ抜 ぬき 시미누끼 얼룩 빼기

- □ 取 とる 토루 동 제거하다, 없애다

□ 裁さいする 사이스루 동 재단하다

□ 縫ぬう 누- 동 바느질하다, 꿰매다

□ 直なおす 나오스 동 수선하다; 고치다
 = 繕つくろう 츠꾸로우

ユニット 19. 병원 & 은행
病院・銀行 뵤-잉・깅꼬-

MP3. U19

□ 病院 びょういん 뵤-잉 명 병원

□ クリニック 쿠리닉쿠 명 진료소, 클리닉

□ 医者 いしゃ 이샤 명 의사

□ 看護師 かんごし 캉고시 명 간호사

□ 患者 かんじゃ 칸쟈 명 환자
 = 病人 びょうにん 뵤-닝

□ 診察 しんさつ 신사쯔 명 진찰

□ 病 やまい 야마이 명 병

□ 患う わずらう 와즈라우 동 병을 앓다

□ 症状 しょうじょう 쇼-죠- 명 증상, 증세

□ 様子 ようす 요-스 명 상태, 상황

- □ **具合ぐあいが悪わるい** 구아이가 와루이
  상태가 안 좋다

- □ **痛いたい** 이따이 형 아프다

- □ **痛いためる** 이따메루 동 아프게 하다, 고통을 주다

- □ **病やむ** 야무 동 아프다, 괴로워하다

- □ **痛いたみ** 이따미 명 통증, 아픔
  = **痛いたさ** 이따사

- □ **苦痛くつう** 쿠쯔- 명 고통, 통증

- □ **疼うずく** 우즈꾸 동 아프다, 쑤시다

- □ **疼うずき** 우즈끼 명 따끔따끔한 느낌, 아픔

- □ **怪我けが** 케가 명 상처
  = **傷きず** 키즈

- 傷跡きずあと 키즈아또 [명] 흉터

- 負傷ふしょう 후쇼- [명] 부상

- 負傷ふしょうする 후쇼-스루 [동] 다치다, 부상하다
  = 怪我けがする 케가스루

- かすり傷きず 카스리끼즈 [명] 찰과상

- 打ち身うちみ 우찌미 [명] 타박상
  = 打撲傷だぼくしょう 다보쿠쇼-

- 火傷やけど 야께도 [명] 화상

- 感染かんせん 캉셍 [명] 감염

- 炎症えんしょう 엥쇼- [명] 염증

- あざ 아자 [명] 멍

- 挫くじく 쿠지꾸 [명] 염좌, 삠
  = 捻挫ねんざ 넹자

- 挫くじける 쿠지께루 동 삐다, 접질리다
  = 捻挫ねんざする 넨자스루

- 腫はれる 하레루 동 붓다

- 腫はれ上あがる 하레아가루 동 부어오르다

- 息苦いきぐるしい 이끼구루시-
  형 숨이 막히다, 답답하다

- 感覚かんかくがない 캉까꾸가 나이
  감각이 없다

- 風邪かぜ 카제 명 감기

- インフルエンザ 잉후루엔자
  명 유행성 감기, 독감

- 咳せき 세끼 명 기침, 기침 소리
  = しわぶき 시와부끼

- ごほんごほん 고홍고홍 부 콜록콜록

□ 熱ねつ 네쯔 명 열

□ 高熱こうねつ 코-네쯔 고열

□ 微熱びねつ 비네쯔 미열

□ 血圧けつあつ 케쯔아쯔 명 혈압

□ 高血圧こうけつあつ 코-께쯔아쯔 명 고혈압

□ 低血圧ていけつあつ 테-께쯔아쯔 명 저혈압

□ 胃炎いえん 이엥 명 위염

□ 盲腸炎もうちょうえん 모-쬬-엥 명 맹장염

□ 遺伝病いでんびょう 이뎀뵤- 유전병

□ 嘔吐おうと 오-또 명 구토

□ 嘔吐おうとする 오-또스루 동 구토하다

□ 吐はき気け 하끼께 명 구역질

- □ むかむか 무까무까 부 메슥메슥

- □ つわり 츠와리 명 (임산부의) 입덧
  = おそ 오소

- □ 胃いもたれ 이모따레
  명 (소화불량으로) 속이 더부룩한 상태, 속쓰림

- □ 下痢げり 게리 명 설사

- □ 便秘べんぴ 벰삐 명 변비

- □ 頭痛ずつう 즈쯔- 명 두통; 근심

- □ 目めまい 메마이 명 현기증

- □ 貧血ひんけつ 힝께쯔 명 빈혈

- □ 蕁麻疹じんましん 진마싱 명 두드러기

- **吹ふき出物でもの** 후끼데모노 [명] 뾰루지, 부스럼
  - = できもの 데끼모노
  - = おでき 오데끼

- **ニキビ** 니키비 [명] 여드름

- **噛かまれる** 카마레루 (곤충이나 동물에게) 물리다

- **奥歯おくば** 오꾸바 [명] 어금니
  - = 臼歯きゅうし 큐-시

- **前歯まえば** 마에바 앞니
  - = 門歯もんし 몬시

- **犬歯けんし** 켄시 송곳니
  - = 糸切いときり歯ば 이또끼리바

- **親知おやしらず** 오야시라즈 사랑니
  - = おやしらずば 오야시라즈바
  - = 知歯ちし 치시

- 歯茎はぐき 하구끼 명 잇몸

- 虫歯むしば 무시바 명 충치

- 歯痛はいた 하이따 명 치통

- はいたポーズ 하이따 포-즈 명 치통 포즈
  = 虫歯むしばポーズ 무시바 포-즈

- 歯石取しせきとり 시세끼또리 명 스케일링, 치석 제거
  = スケーリング 스케-링구

- 入いれ歯ば 이레바 명 틀니, 의치

- 歯列矯正器しれつきょうせいき 시레쯔꾜-세-끼 명 치열 교정기

- 入院にゅういん 뉴-잉 명 입원

- 入院にゅういんする 뉴-잉스루 동 입원하다

- 退院たいいん 타이잉 명 퇴원

- 退院たいいんする 타이잉스루 동 퇴원하다

- 手術しゅじゅつ 슈쥬쯔 명 수술

- 麻酔ますい 마스이 명 마취

- 医療保険いりょうほけん 이료-호껭
  명 의료 보험

- 診断書しんだんしょ 신당쇼 명 진단서

- 処方箋しょほうせん 쇼호-셍 명 처방전

- 薬局やっきょく 약꾜꾸 명 약국
  = 薬屋くすりや 쿠스리야

- ドラッグストア 도락구스토아
  명 드러그스토어

- 薬くすり 쿠스리 명 약

- 消化剤 しょうかざい 쇼-까자이 명 소화제
- 鎮痛剤 ちんつうざい 친쯔-자이 명 진통제
  = 痛み止め いたみどめ 이따미도메
- 睡眠剤 すいみんざい 스이밍자이 명 수면제
- 解熱剤 げねつざい 게네쯔자이 명 해열제
  = 熱冷まし ねつさまし 네쯔사마시
- 副作用 ふくさよう 훅사요- 부작용
- 軟膏 なんこう 낭꼬- 명 연고
- 包帯 ほうたい 호-따이 명 붕대
- ギプス 기프스 명 깁스, 석고 붕대
  = ギブス 기브스
- 松葉杖 まつばづえ 마쯔바즈에 명 목발
- 脱脂綿 だっしめん 닷시멩 명 탈지면

- □ ガーゼ 가-제 몡 거즈

- □ 絆創膏ばんそうこう 반소-꼬- 몡 반창고

- □ 傷きずテープ 키즈테-프 몡 밴드
  = バンド 반도

- □ 銀行ぎんこう 깅꼬- 몡 은행

- □ お金かね 오까네 몡 돈

- □ 現金げんきん 겡낑 몡 현금
  = キャッシュ 캿슈

- □ 札さつ 사쯔 몡 지폐

- □ 小切手こぎって 코깃떼 몡 수표

- □ 小銭こぜに 코제니 몡 동전
  = 玉たま 타마
  = コイン 코잉

- □ **口座**こうざ 코-자 몡 계좌

- □ **通帳**つうちょう 츠-쪼- 몡 통장

- □ **普通預金**ふつうよきん 후쯔-요낑
  몡 보통 예금

- □ **定期積金**ていきつみきん 테-끼쯔미낑
  몡 정기 적금

- □ **入金**にゅうきん 뉴-낑 몡 입금

- □ **入金**にゅうきん**する** 뉴-낑스루 동 입금하다

- □ **預金**よきん**する** 요낑스루 동 예금하다

- □ **貯金**ちょきん**する** 쵸낑스루 동 저금하다

- □ **蓄**たくわ**える** 타꾸와에루 동 모으다, 저축하다
  = **貯蓄**ちょちく**する** 쵸찌꾸스루

- □ **引**ひ**き落**お**とし** 히끼오또시 몡 인출

- 出金 しゅっきん 슉낑 명 출금

- 下おろす 오로스 동 (돈을) 찾다

- 引ひき落おとす 히끼오또스 동 인출하다, 출금하다

- 残高 ざんだか 잔다까 명 잔고

- 送金 そうきん 소-낑 명 송금

- 仕送 しおくり 시오꾸리
  명 생활비나 학비를 보내줌

- 口座振込 こうざふりこみ 코-자후리꼬미
  명 계좌이체

- 貸かし出だし 카시다시 명 대출
  = ローン 로-ㅇ

- 利子 りし 리시 명 이자
  = 利息 りそく 리소꾸

- 金利きんり 킨리 [명] 금리

- 両替りょうがえ 료-가에 [명] 환전

- 両替りょうがえする 료-가에스루
  [동] 환전하다

- 為替かわせレート 카와세 레-또 [명] 환율
  = レート 레-또

- 通貨つうか 츠-까 [명] 통화

- 外貨がいか 가이까 [명] 외화

- 円えん 엥 [명] 엔(일본의 화폐 단위)

- ウォン 웡 [명] 원(한국의 화폐 단위)

- ドル 도루 [명] 달러(미국의 화폐 단위)

- ユアン 유앙 [명] 위안(중국의 화폐 단위)

- ユーロ 유-로 [명] 유로(유럽연합의 통합 화폐 단위)

- □ **クレジットカード** 쿠레짓토카-도
  - 몡 신용카드

- □ **デビットカード** 데빗토카-도
  - 몡 직불카드

- □ **手数料** てすうりょう 테스-료- 몡 수수료

- □ **エーティーエム** 에-티-에무
  - 몡 현금 자동 인출기
  - = **現金自動支払機** げんきんじどうしはらいき 겐낑지도-시하라이끼

- □ **インターネットバンキング**
  - 인타-넷토 방킹구 몡 인터넷 뱅킹

- □ **暗証番号** あんしょうばんごう 안쇼-방고-
  - 몡 비밀번호

19

> ユニット **20. 교통**
> 交通 코-쯔-
>
> MP3. U20

□ **交通** こうつう 코-쯔- 명 교통

□ **乗**の**り物**もの 노리모노 명 탈것, 교통편

□ **公共交通機関** こうきょうこうつうきかん
  코-꾜- 코-쯔- 끼깡 명 대중 교통

□ **飛行機** ひこうき 히꼬-끼 명 비행기

□ **航空便** こうくうびん 코-꾸-빙 명 항공편

□ **空港** くうこう 쿠-꼬- 명 공항
  = **エアポート** 에아포-토

□ **国際線** こくさいせん 콕사이셍 국제선

□ **国内線** こくないせん 코꾸나이셍 국내선

□ **航空会社** こうくうがいしゃ 코-꾸- 가이샤
  명 항공사

- 航空券 こうくうけん 코-꾸-껭 명 항공권
  = 航空 こうくう チケット 코-꾸- 치켓토

- 電子航空券 でんしこうくうけん
  덴시 코-꾸-껭 이티켓, 전자 티켓
  = Eイーチケット 이-치켓토

- 搭乗券 とうじょうけん 토-죠-껭
  명 (비행기의) 탑승권

- パスポート 파스포-토 명 여권
  = 旅券 りょけん 료껭

- ビザ 비자 명 비자

- ターミナル 타-미나루 명 터미널

- 搭乗口 とうじょうぐち 토-죠-꾸찌 명 탑승구, 게이트
  = ゲート 게-토

- 出発 しゅっぱつ 슙빠쯔 명 출발

- 発たつ 타쯔 동 떠나다

- 離陸りりく 리리꾸 명 이륙

- 離陸りりくする 리리꾸스루 동 이륙하다

- 着陸ちゃくりく 챠꾸리꾸 명 착륙

- 着陸ちゃくりくする 챠꾸리꾸스루
  동 착륙하다

- 到着とうちゃく 토-쨔꾸 명 도착

- 到着とうちゃくする 토-쨔꾸스루
  동 도착하다

- 目的地もくてきち 목떼끼찌 명 목적지, 행선지
  = 行ゆき先さき 유끼사끼

- 直行便ちょっこうびん 촉꼬-빙
  명 (비행기의) 직항편

- 経由 けいゆ 케-유 [명] 경유

- 行ゆき 유끼 [명] 목적지를 향해 감, ~행

- 経由地 けいゆち 케-유찌 [명] 경유지, 기항지
  = 寄港地 きこうち 키꼬-찌

- 片道 かたみち 카따미찌 [명] 편도

- 往復 おうふく 오-후꾸 [명] 왕복
  = 行ゆき帰かえり 유끼까에리

- 座席 ざせき 자세끼 [명] 좌석
  = 席 せき 세끼

- 空席 くうせき 쿠-세끼 빈 좌석

- キャンセル待まち 캰세루 마찌 취소 대기

- 通路側 つうろがわ 츠-로가와 [명] 통로

- 窓側 まどがわ 마도가와 [명] 창가

- □ **エコノミークラス** 에코노미- 쿠라스
  - 명 일반석

- □ **ビジネスクラス** 비지네스 쿠라스
  - 명 비즈니스석

- □ **ファーストクラス** 화-스토 쿠라스
  - 명 일등석

- □ **搭乗とうじょうする** 토-죠-스루
  - 동 탑승하다

- □ **降おりる** 오리루 동 (비행기나 차에서) 내리다

- □ **スーツケース** 스-츠케-스 명 여행 가방

- □ **トランク** 토랑쿠 명 트렁크

- □ **荷物にもつ** 니모쯔 명 짐

- □ **手荷物てにもつ** 테니모쯔 명 수하물

- □ **手回てまわり品ひん** 테마와리힝 휴대용 짐

- **タグ** 타구 명 (수하물의) 짐표, 꼬리표
  - = **合符** あいふ 아이후
  - = **荷札** にふだ 니후다

- **半券** はんけん 항껭 명 (수하물의) 짐표

- **空港** くうこう **セキュリティー検査台** けんさだい 쿠-꼬- 세큐리티- 켄사다이
  공항 보안 검색대

- **出入国審査** しゅつにゅうこくしんさ
  슈쯔뉴-꼬꾸 신사 명 출입국 심사

- **出国申告書** しゅっこくしんこくしょ
  슉꼬꾸 싱꼭쇼 출국 신고서

- **入国申告書** にゅうこくしんこくしょ
  뉴-꼬꾸 싱꼭쇼 입국 신고서

- **税関検査** ぜいかんけんさ 제-깐껜사
  명 세관 검사

- □ **税関申告書**ぜいかんしんこくしょ
  제-깐싱꼭쇼 **명** 세관 신고서

- □ **操縦士**そうじゅうし 소-쥬-시 **명** 조종사, 파일럿
  = **パイロット** 파이롯토

- □ **乗務員**じょうむいん 죠-무잉 **명** 승무원
  = **キャビンアテンダント** 캬빙 아텐당토

- □ **スチュワード** 스츄와-도 **명** 스튜어드

- □ **スチュワーデス** 스츄와-데스
  명 스튜어디스

- □ **機内**きない 키나이 **명** (항공기의) 기내

- □ **機内食**きないしょく 키나이쇼꾸 **명** 기내식

- □ **ライフジャケット** 라이후 쟈켓토
  명 구명조끼

- □ **非常口** ひじょうぐち 히죠-구찌 몡 비상구

- □ **シートベルト** 시-토베루토 몡 안전벨트

- □ **免税店** めんぜいてん 멘제-뗑 몡 면세점

- □ **免税品** めんぜいひん 멘제-힝 몡 면세품

- □ **駅** えき 에끼 몡 역

- □ **電車** でんしゃ 덴샤 몡 전차, 전철

- □ **汽車** きしゃ 키샤 몡 기차, 열차
  = **列車** れっしゃ 렛샤

- □ **客室** きゃくしつ 캬꾸시쯔 몡 객실

- □ **ベッド車両** しゃりょう 벳도샤료- 침대칸

- □ **貨物車両** かもつしゃりょう 카모쯔샤료-
  (열차의) 화물칸

- □ **食堂車両** しょくどうしゃりょう 쇼꾸도-샤료-
  식당칸

- □ **新幹線** しんかんせん 신깐셍 신간선

- □ **各駅停車** かくえきていしゃ 카꾸에끼 테-샤
  완행

- □ **新快速電車** しんかいそくでんしゃ
  신까이소꾸 덴샤 신쾌속 전차

- □ **快速電車** かいそくでんしゃ 카이소꾸 덴샤
  쾌속 전차

- □ **普通電車** ふつうでんしゃ 후쯔- 덴샤
  보통 전차

- □ **急行列車** きゅうこうれっしゃ 큐-꼬- 렛샤
  명 급행 열차

- □ **特別急行列車** とくべつきゅうこうれっしゃ
  토꾸베쯔 큐-꼬- 렛샤 명 특별 급행 열차

- 始発 しはつ 시하쯔 [명] 첫차; 처음으로 출발함

- 終電 しゅうでん 슈-뎅 [명] 막차

- 料金 りょうきん 료-낑 [명] 요금

- 切符 きっぷ 킵뿌 [명] 표, 티켓
  = チケット 치켓토

- 切符 きっぷ 売 うり 場 ば 킵뿌 우리바 [명] 매표소

- 切符係 きっぷかかり 킵뿌 카까리 [명] 매표인

- 乗 のり 場 ば 노리바 [명] 승강장, 플랫폼
  = プラットフォーム 프랏토호-무

- 改札口 かいさつぐち 카이사쯔구찌 [명] 개찰구

- 線路 せんろ 센로 [명] 선로

- 車掌 しゃしょう 샤쇼- [명] (열차의) 차장

- 乗 のり 換 かえ 노리까에 [명] 환승

- □ **乗のり換かえる** 노리까에루 통 환승하다, 갈아타다

- □ **乗のり換かえ駅えき** 노리까에 에끼 명 환승역

- □ **時刻表じこくひょう** 지꼭효- 명 (열차, 항공기 따위의) 시간표

- □ **地下鉄ちかてつ** 치까떼쯔 명 지하철

- □ **地下鉄駅ちかてつえき** 치까떼쯔 에끼 지하철역

- □ **路線図ろせんず** 로센주 명 노선도

- □ **バス** 바스 명 버스

- □ **夜行やこうバス** 야꼬- 바스 야간 버스

- □ **バス停てい** 바스 떼- 버스 정류장

- □ **バス終点しゅうてん** 바스 슈-뗑 버스 종점

- □ **タクシー** 탁시- 명 택시

- □ **自転車** じてんしゃ 지뗀샤 명 자전거

- □ **自転車道路** じてんしゃどうろ 지뗀샤 도-로
  자전거 도로

- □ **バイク** 바이쿠 명 오토바이

- □ **ヘルメット** 헤루멧토 명 헬멧

- □ **船** ふね 후네 명 배, 선박
  = **船舶** せんぱく 셈빠꾸

- □ **ボート** 보-토 명 보트

- □ **港** みなと 미나또 명 항구

- □ **船酔** ふなよい 후나요이 명 뱃멀미

- □ **船酔** ふなよいする 후나요이스루
  동 뱃멀미하다

ユニット 21. 운전
運転 운뗑

MP3. U21

- □ **運転** うんてん 운뗑 명 운전

- □ **運転** うんてん **する** 운뗑스루 동 운전하다

- □ **車** くるま 쿠루마 명 자동차

- □ **小型車** こがたしゃ 코가따샤 명 소형자동차

- □ **軽車** けいしゃ 케-샤 명 경차
  = **軽自動車** けいじどうしゃ 케-지도-샤

- □ **トラック** 토락쿠 명 트럭

- □ **小型** こがた **トラック** 코가따 토락쿠
  명 소형 트럭
  = **軽** けい **トラック** 케- 토락쿠

- □ **バン** 방 명 밴

- □ **オープンカー** 오-픈카- 몡 오픈카

- □ **レンタカー** 렝타카- 몡 렌터카

- □ **ハンドル** 한도루 몡 핸들

- □ **パワーステアリング** 파와- 스테아링구
  몡 파워 핸들
  = **パワーステ** 파와 스테

- □ **変速**へんそく**ギヤ** 헹소꾸 기아 몡 변속 기어

- □ **オートマ** 오-토마 몡 자동 변속 장치
  = **オートマチック** 오-토마칙쿠

- □ **マニュアル** 마뉴아루 몡 수동 변속 장치; 매뉴얼

- □ **ペダル** 페다루 몡 페달

- □ **アクセル** 아쿠세루 몡 액셀러레이터

- □ クラッチ 쿠랏치 **명** 클러치

- □ 踏ふむ 후무 **동** 밟다

- □ 速度そくど 소꾸도 **명** 속도
  = スピード 스피-도

- □ 止とまる 토마루 **동** 멈추다, 정지하다

- □ ブレーキ 브레-키 **명** 브레이크

- □ ハンドブレーキ 한도 브레-키
  명 핸드 브레이크

- □ 急きゅうブレーキを踏ふむ
  큐- 브레-끼오 후무 급브레이크를 밟다

- □ ボンネット 본넷토 **명** 보닛

- □ トランク 토랑쿠 **명** (자동차 후부의) 트렁크

- □ ヘッドライト 헷도라이토 **명** 헤드라이트

- ウィンカー 윙카- 명 방향지시등
 = フラッシャー 후랏샤-

- ハザードランプ 하자-도람프 명 비상등
 = 非常点滅灯 ひじょうてんめつとう
   히죠-뗌메쯔또-

- クラクション 쿠라쿠숑 명 클랙슨, 경적

- バックミラー 바쿠미라- 명 백미러, 룸미러

- サイドミラー 사이도미라- 명 사이드 미러

- ワイパー 와이파- 명 와이퍼

- バンパー 밤파- 명 범퍼

- ナンバープレート 남바- 프레-토
 명 (자동차의) 번호판

- ホイール 호이-루 명 (타이어를 포함한) 바퀴

- □ **タイヤ** 타이야 _명 타이어(고무 부분)

- □ **タイヤホイール** 타이야호이-루
  _명 타이어 휠

- □ **スノータイヤ** 스노-타이야 스노우 타이어

- □ **スペアタイヤ** 스페아타이야 스페어 타이어

- □ **パンクしたタイヤ** 팡쿠시따 타이야
  펑크난 타이어

- □ **パンクする** 팡쿠스루 _동 펑크가 나다

- □ **シートベルト** 시-토베루토 _명 안전벨트

- □ **道路交通法** どうろこうつうほう
  도-로꼬-쯔-호- _명 도로교통법

- □ **違反** いはん 이항 _명 위반

- □ **交通違反** こうついはん 코-쯔- 이항
  _명 교통 위반

- 駐車違反 ちゅうしゃいはん 츄-샤 이항
  명 주차위반

- スピード違反 いはん 스피-도 이항
  명 속도 위반

- 罰金 ばっきん 박낑 명 벌금
  = 反則金 はんそくきん 항소꾸낑

- 飲酒運転 いんしゅうんてん 인슈- 운뗑
  명 음주 운전

- アルコール測定器 そくていき
  아르코-르 속떼-끼 명 음주측정기
  = アルコールチェッカー
  아르코-르 첵카-

- 道路標示板 どうろひょうじばん
  도-로 효-지방 명 도로 표지판

- 一方通行 いっぽうつうこう 입뽀- 쯔-꼬-
  명 일방 통행

- 信号 しんごう 싱고- 명 신호

- 交通信号機 こうつうしんごうき
  코-쯔- 싱고-끼 신호등

- 赤信号 あかしんごう 아까 싱고- 명 빨간 신호

- 青信号 あおしんごう 아오 싱고- 명 파란 신호

- 横断歩道 おうだんほどう 오-당호도-
  명 횡단보도

- 信号無視 しんごうむし をする
  싱고- 무시오 스루 무단횡단하다

- 踏ふみ切きり 후미끼리 (철도의) 건널목

- 踏切番 ふみきりばん 후미끼리방
  철도 건널목지기

- 法定速度 ほうていそくど 호-떼-소꾸도
  규정 속도

- □ 速はやい 하야이 [형] 빠르다

- □ 急いそぐ 이소구 [동] 서두르다

- □ ゆるい 유루이 [형] 완만하다, 느슨하다

- □ ゆっくり 육꾸리 [부] 천천히, 느리게
  = ゆるく 유루꾸

- □ 運転手うんてんしゅ 운뗀슈 [명] 운전기사
  = ドライバー 도라이바-

- □ 歩行者ほこうしゃ 호꼬-샤 [명] 보행자

- □ ガソリンスタンド 가소린스탄도 [명] 주유소

- □ ガソリン 가소링 [명] 휘발유, 가솔린

- □ ディーゼル油ゆ 디-제루유 [명] 디젤, 경유
  = 軽油けいゆ 케-유

- ☐ **天然**てんねん**ガス** 텐넹 가스 **명** 천연가스

- ☐ **満**まん**タン** 만탕 **명** 가득 채움, 가득 채운 상태

- ☐ **量**りょう 료- **명** 양

- ☐ **リットル** 릿토루 **명** (용량의 단위) 리터

- ☐ **洗車**せんしゃ 센샤 **명** 세차

- ☐ **洗車場**せんしゃじょう 센샤죠 **명** 세차장

- ☐ **洗車機**せんしゃき 센샤끼 **명** 카 워셔

- ☐ **交通渋滞**こうつうじゅうたい 코-쯔-쥬-따이 교통 체증

- ☐ **駐車**ちゅうしゃ**する** 츄-샤스루 **동** 주차하다
  = **パーキングする** 파-킹구스루

- ☐ **駐車場**ちゅうしゃじょう 츄-샤죠- **명** 주차장

- ☐ **無料駐車場** むりょうちゅうしゃじょう
  무료- 츄-샤죠- 무료 주차장

- ☐ **有料駐車場** ゆうりょうちゅうしゃじょう
  유-료- 츄-샤죠- 유료 주차장

- ☐ **駐車禁止** ちゅうしゃきんし 츄-샤낀시
  몡 주차 금지

- ☐ **駐車禁止エリア** ちゅうしゃきんしエリア
  츄-샤낀시 에리아 주차 금지 구역

- ☐ **駐車禁止マーク** ちゅうしゃきんしマーク
  츄-샤낀시 마-쿠 주차 금지 표시

- ☐ **運転免許** うんてんめんきょ 운뗌멩꾜
  몡 운전 면허
  = **ドライバーライセンス**
  도라이바- 라이센스

- ☐ **運転免許証** うんてんめんきょしょう
  운뗌멩꾜쇼- 몡 운전 면허증

- □ **運転免許試験** うんてんめんきょしけん
  운뗌멩꾜 시껭 운전 면허 시험

- □ **ユーターン** 유-타-ㅇ 명 유턴

- □ **左折**させつ 사세쯔 명 좌회전

- □ **左**ひだり**に曲**まがる 히다리니 마가루
  좌회전하다
  = **左折**させつする 사세쯔스루

- □ **右折**うせつ 우세쯔 명 우회전

- □ **右**みぎ**に曲**まがる 미기니 마가루 우회전하다
  = **右折**うせつする 우세쯔스루

- □ **車線**しゃせん 샤셍 명 차선, 차로
  = **車道**しゃどう 샤도-

- □ **追**おい**越**こし**車線**しゃせん 오이꼬시샤셍
  추월차선

- 歩道 ほどう 호도- 명 인도, 보도

- 歩道橋 ほどうきょう 호도-꾜- 명 인도교, 육교

- 陸橋 りっきょう 릭꾜- 명 육교

- 道 みち 미찌 명 길

- 通 とおり 토-리 명 길

- 大通 おおどおり 오오도-리 명 큰 길

- 通路 つうろ 츠-로 명 통로

- 路地 ろじ 로지 골목길

- 道路 どうろ 도-로 명 도로

- 高架道路 こうかどうろ 코-까도-로 고가도로

- 高速 こうそく 코-소꾸 명 고속도로
  = ハイウエー 하이우에-

□ **中央線**ちゅうおうせん 츄-오-셍 중앙선

□ **交差点**こうさてん 코-사뗑
  명 (주요 도로와의) 교차점, 교차로
  = **交叉路**こうさろ 코-사로

□ **路肩**ろかた 로까따 갓길

□ **トンネル** 톤네루 명 터널

21

ユニット 22. 숙박
宿泊 슈꾸하꾸

MP3. U22

- [ ] 宿泊しゅくはく 슈꾸하꾸 명 숙박
  = 泊とまり 토마리

- [ ] 日帰ひがえり 히가에리 명 당일치기

- [ ] 泊とまりがけ 토마리가께
  명 묵을 예정으로 떠남

- [ ] 泊とまる 토마루 동 머무르다, 체류하다
  = 滞在たいざいする 타이자이스루

- [ ] 宿泊施設しゅくはくしせつ 슈꾸하꾸 시세쯔
  명 숙소, 숙박 시설

- [ ] 居所いどころ 이도꼬로 명 거처, 거주
  = 居住きょじゅう 쿄쥬-

- [ ] 家いえ 이에 명 집

- □ 家庭かてい 카떼- 명 가정

- □ 部屋へや 헤야 명 방

- □ ホテル 호테루 명 호텔

- □ モーテル 모-테루 명 모텔(자동차 여행용 호텔)

- □ 旅館りょかん 료깡 명 료칸, 여관

- □ ユースホステル 유-스호스테루
  명 유스 호스텔

- □ ドーミトリー 도-미토리- 명 공동 침실, 도미토리

- □ ゲストハウス 게스토하우스
  명 게스트하우스

- □ 予約よやく 요야꾸 명 예약

- □ 予約よやくする 요약스루 동 예약하다

- □ **予約よやくでいっぱい** 요야꾸데 입빠이
  예약이 꽉 참

- □ **キャンセル** 칸세루 명 취소
  = **取とり消けし** 토리께시

- □ **ロビー** 로비- 명 (호텔) 로비

- □ **フロント** 후롱토 명 (호텔) 프런트
  = **受付うけつけ** 우께쯔께

- □ **泊はく** 하꾸 ~박(숙박 일수를 세는 말)

- □ **チェックイン** 첵쿠잉 명 체크인

- □ **チェックインする** 첵쿠잉스루
  동 체크인하다

- □ **チェックアウト** 첵쿠아우토 명 체크아웃

- □ **チェックアウトする** 첵쿠아우토스루
  동 체크아웃하다

- 満室まんしつ 만시쯔 만실

- 空室くうしつ 쿠-시쯔 빈방
  = 空あき屋しつ 아끼시쯔
  = 空あき部屋べや 아끼베야

- シングルルーム 싱구루루-무 명 싱글룸

- ダブルルーム 다브루루-무 명 더블룸

- ツインルーム 츠잉루-무 명 트윈룸

- スイートルーム 스이-토루-무
  명 스위트룸

- ルームサービス 루-무사-비스
  명 룸서비스

- クレーム 쿠레-무 명 불평, 컴플레인
  = 苦情くじょう 쿠죠-
  = 文句もんく 몽꾸

- □ エアコン 에아콩 명 에어컨

- □ 暖房 だんぼう 담보- 명 난방

- □ 冷房 れいぼう 레-보- 명 냉방
  = クーラー 쿠-라-

- □ 設備 せつび 세쯔비 명 설비, 기구
  = 器具 きぐ 키구

- □ 施設 しせつ 시세쯔 명 시설

- □ 風通 かぜとおし 카제또-시 명 통풍

- □ 換気 かんき 캉끼 명 환기
  = 空気入くうきいれ替かえ 쿠-끼이레까에

- □ 換気口 かんきこう 캉끼꼬- 명 환기구

- □ メイド 메-도 명 메이드

- □ 清掃人 せいそうにん 세-소-닝 명 청소부

- [ ] ドアマン 도아망 명 도어맨

- [ ] ベルボーイ 베루보-이 명 벨보이

- [ ] お手洗てあらい 오떼아라이 명 화장실
  = トイレ 토이레

- [ ] 洗濯室せんたくしつ 센딱시쯔 명 세탁실

- [ ] 金庫きんこ 킹꼬 명 금고

- [ ] ミニバー 미니바- 명 미니바

- [ ] 食堂しょくどう 쇼꾸도- 명 음식점, 레스토랑
  = 飲食店いんしょくてん 인쇼뗀
  = レストラン 레스토랑

- [ ] 朝食ちょうしょくクーポン 쵸-쇼꾸 쿠-퐁
  조식 쿠폰

- [ ] 無料むりょうインターネット
  무료- 인타-넷토 무료 인터넷

- **無線むせんインターネット**
  무셍 인타–넷토 무선 인터넷

- **シャトルバス** 샤토루 바스 셔틀버스

- **きれいだ** 키레–다 [형동] 깨끗하다

- **清潔せいけつだ** 세–께쯔다 [형동] 청결하다

- **汚きたない** 키따나이 [형] 더럽다

- **散ちらかる** 치라까루 [동] 흩어지다, 어지러지다

- **散ちらかっている** 치라깟데이루 어질러져 있다

- **居心地いごこち** 이고꼬찌
  [명] (집 등 어떤 장소에서 느끼는) 편한 느낌

- **居心地いごこちいい** 이고꼬찌 이–
  (있기에) 편하다

- □ **居心地悪**いごこちわるい 이고꼬찌 와루이
  (있기에) 거북하다, 불편하다

- □ **展望**てんぼう 템보- 명 전망
  = **眺**ながめ 나가메

- □ **海**うみ**の眺**ながめ 우미노 나가메 바다 전망

- □ **市内**しない**の眺**ながめ 시나이노 나가메
  시내 전망

- □ **ビーチパラソル** 비-치 파라소루
  명 비치파라솔

- □ **温泉**おんせん 온셍 명 온천

- □ **プール** 프-루 명 수영장

- □ **支払**しはら**う** 시하라우 동 지불하다

- □ **料金**りょうきん 료-낑 명 요금

- □ **全額料金**ぜんがくりょうきん 젠가꾸 료–낑
  전액 요금

- □ **割引料金**わりびきりょうきん 와리비끼 료–낑
  할인 요금

- □ **追加料金**ついかりょうきん 츠이까 료–낑
  추가 요금

- □ **費用**ひよう 히요– 몡 비용
  = **かかり** 카까리

- □ **前払**まえばらい 마에바라이 몡 선불
  = **先払**さきばらい 사끼바라이

- □ **税金**ぜいきん 제–낑 몡 세금

- □ **免税**めんぜい 멘제– 몡 면세
  = **タックスフリー** 탁쿠스후리–

- □ **寝具**しんぐ 싱구 몡 침구

- シーツ 시-쯔 명 (침대) 시트

- 毛布 もうふ 모-후 명 담요
  = ブランケット 브랑켓토

- 枕 まくら 마꾸라 명 베개

- 布団 ふとん 후똥 명 이부자리, 이불, 요

- 掛かけ布団 ぶとん 카께부똥 명 (덮는) 이불

- 敷布団 しきぶとん 시끼부똥 명 요

- アメニティーグッズ 아메니티- 굿즈
  편의용품

- タオル 타오루 명 수건

- シャンプー 샴푸- 명 샴푸

- リンス 린스 명 린스

- 石鹸 せっけん 섹껭 명 비누

- ボディソープ 보디소-프 몡 바디비누

- 入浴剤にゅうよくさい 뉴-요꾸자이
  몡 입욕제

- シャワーキャップ 샤와-캅푸 몡 샤워캡

- 歯はブラシ 하부라시 몡 칫솔

- 歯磨はみがき粉こ 하미가끼꼬 몡 치약

- 櫛くし 쿠시 몡 빗

- ヘアドライヤー 헤아도라이야-
  몡 헤어 드라이기

- かみそり 카미소리 몡 면도기

- アイロン 아이롱 몡 다리미

- トイレットペーパー 토이렛토 페-파-
  몡 화장지

☐ **ティッシュ** 팃슈 명 티슈

☐ **ナプキン** 나푸킹 명 냅킨

ユニット 23. 관광
観光 캉꼬-

MP3. U23

□ 観光 かんこう 캉꼬- 명 관광
   = ツアー 츠아-

□ 旅行 りょこう 료꼬- 명 여행
   = 旅 たび 타비

□ 観光地 かんこうち 캉꼬-찌 명 관광지

□ 名所 めいしょ 메-쇼 명 명소
   = 観光名所 かんこうめいしょ 캉꼬-메-쇼
   관광명소

□ 観光案内所 かんこうあんないじょ
   캉꼬- 안나이죠 명 관광 안내소
   = インフォメーションセンター
   인호메-숀센타-

□ 情報 じょうほう 죠-호- 명 정보
   = インフォメーション 인호메-숑

332

- □ **ガイド** 가이도 몡 안내인, 가이드

- □ **案内**あんない**する** 안나이스루 동 안내하다

- □ **グルメ** 구루메 몡 식도락, 미식주의

- □ **地図**ちず 치즈 몡 지도

- □ **略図**りゃくず 랴꾸즈 몡 약도

- □ **略図**りゃくず**で示**しめ**す** 랴꾸즈데 시메스
  약도로 나타내다

- □ **観光客**かんこうきゃく 캉꼬-꺄꾸 몡 관광객

- □ **訪問客**ほうもんきゃく 호-몽꺄꾸 몡 방문객, 손님

- □ **客**きゃく 캬꾸 몡 손님

- □ **遺跡**いせき 이세끼 몡 유적
  = **旧跡**きゅうせき 큐-세끼

- □ **名所旧跡**めいしょきゅうせき 메-쇼큐-세끼
  - 명 명승고적

- □ **景色**けしき 케시끼 명 풍경, 경치
  - = **風景**ふうけい 후-께-

- □ **記念館**きねんかん 키넹깡 명 기념관

- □ **記念物**きねんぶつ 키넴부쯔 명 기념물

- □ **記念碑**きねんひ 키넹히 명 기념비

- □ **建物**たてもの 타떼모노 명 건물, 빌딩
  - = **ビル** 비루

- □ **タワー** 타와- 명 타워, 탑, (탑 모양의) 고층 건물

- □ **高層**こうそう**ビル** 코-소-비루
  - 명 초고층 빌딩, 마천루
  - = **摩天楼**まてんろう 마뗀로-

□ タワーマンション 타와-만숑
　명 주상복합 아파트

□ 豪邸ごうてい 고-떼- 명 대저택

□ お城しろ 오시로 명 성

□ 宮殿きゅうでん 큐-뎅 명 궁전

□ 王おう 오- 명 왕

□ 国王こくおう 코꾸오- 명 국왕

□ 女王じょおう 죠오- 명 여왕

□ 王妃おうひ 오-히 명 왕비

□ 王子おうじ 오-지 명 왕자

□ 王女おうじょ 오-죠 명 공주
　= 公主こうしゅ 코-슈

- お嬢様 じょうさま 오죠-사마 명 영애, 따님; 아가씨

- 神社 じんじゃ 진샤 명 신사

- お寺 てら 오떼라 명 절

- 教会 きょうかい 쿄-까이 명 교회, 예배당
  = チャペル 챠페루

- 大聖堂 だいせいどう 다이세-도- 대성당

- 劇場 げきじょう 게끼죠- 명 극장

- 映画館 えいがかん 에-가깡 명 영화관

- 博物館 はくぶつかん 하꾸부쯔깡 명 박물관

- 美術館 びじゅつかん 비쥬쯔깡 명 미술관

- ギャラリー 갸라리- 명 화랑, 갤러리

- 科学館 かがくかん 카가꾸깡 명 과학관

- □ **広場**ひろば 히로바 [명] 광장

- □ **公園**こうえん 코-엥 [명] 공원

- □ **動物園**どうぶつえん 도-부쯔엥 [명] 동물원

- □ **植物園**しょくぶつえん 쇼꾸부쯔엥 [명] 식물원

- □ **遊園地**ゆうえんち 유-엔찌 [명] 놀이공원

- □ **展示**てんじ 텐지 [명] 전시

- □ **展示会**てんじかい 텐지까이 [명] 전시회

- □ **展示**てんじ**する** 텐지스루 [동] 전시하다

- □ **作品**さくひん 사꾸힝 [명] 작품

- □ **開館時間**かいかんじかん 카이깡 지깡
  [명] 개관시간

- □ **閉館時間**へいかんじかん 헤-깡 지깡
  [명] 폐관시간

- □ **有名**ゆうめい 유-메- 몡 유명

- □ **有名**ゆうめいだ 유-메-다 형동 유명하다

- □ **著名**ちょめい 쵸메- 몡 저명

- □ **著名**ちょめいだ 쵸메-다 형동 저명하다

- □ **有名人**ゆうめいじん 유-메-징 몡 유명인

- □ **有名**ゆうめいな**人**ひと 유-메-나 히또
유명한 사람

- □ **著名人**ちょめいじん 쵸메-징 몡 저명인

- □ **芸能人**げいのうじん 게-노징 몡 연예인

- □ **優**すぐれる 스구레루 동 뛰어나다, 우수하다

- □ **感動**かんどう 칸도- 몡 감동

- □ **印象的**いんしょうてき 인쇼-떼끼 몡 인상적, 감동적

- 気品 きひん 키힝 ⃞명 기품

- 上品 じょうひん 죠-힝 ⃞명 고상함, 품위가 있음

- 下品 げひん 게힝 ⃞명 상스러움, 품위가 없음

- 威厳 いげん 이겡 ⃞명 위엄

- 雄大 ゆうだい 유-다이 ⃞명 웅대

- 歴史的 れきしてき 레끼시떼끼 ⃞명 역사적

- 商業的 しょうぎょうてき 쇼-교-떼끼 ⃞명 상업적
  = 営利的 えいりてき 에-리떼끼

- お勧 すすめ 오스스메 ⃞명 추천

- 推薦 すいせんする 스이센스루 ⃞동 추천하다, 권하다
  = 勧 すすめる 스스메루

- ツアープログラム 츠아-프로구라무
  투어 프로그램

- □ 半日はんにち ツアー 한니찌 츠아
  - 명 반나절 투어

- □ 一日いちにち ツアー 이찌니찌 츠아
  - 명 종일 투어

- □ クルーズ 쿠루-즈 명 크루즈

- □ 個人こじん 코징 명 개인

- □ 団体だんたい 단따이 명 단체
  - = グループ 구루-푸

- □ グループツアー 구루-푸츠아 단체 여행
  - = 団体旅行だんたいりょこう 단따이료-꼬-

- □ 経路けいろ 케-로 명 경로, 노정
  - = ルート 루-토

- □ 旅程りょてい 료떼- 명 여정

- □ 地域ちいき 치이끼 명 지역

- □ **都会**とかい 토까이 몡 도시
  = **都市**とし 토시

- □ **田舎**いなか 이나까 몡 시골

- □ **町**まち 마찌 몡 읍내,
  읍(행정 구역에서 '도(都)'의 하부 단위)

- □ **村**むら 무라 몡 마을

- □ **街**まち 마찌 몡 거리, 동네

- □ **山**やま 야마 몡 산

- □ **丘**おか 오까 몡 언덕, 작은 산
  = **小山**こやま 코야마

- □ **谷**たに 타니 몡 계곡, 골짜기

- □ **谷川**たにがわ 타니가와 몡 개울

- □ **川**かわ 카와 몡 강

- □ **小川**おがわ 오가와 명 작은 시내

- □ **湖**みずうみ 미즈우미 명 호수

- □ **池**いけ 이께 명 연못

- □ **海**うみ 우미 명 바다

- □ **砂浜**すなはま 스나하마 명 해변

- □ **海岸**かいがん 카이강 명 바닷가, 해안

- □ **島**しま 시마 명 섬

- □ **入**はいる 하이루 동 들어가다

- □ **入いり口**ぐち 이리구찌 명 입구

- □ **入場**にゅうじょう 뉴-죠- 명 입장

- □ **入場料**にゅうじょうりょう 뉴-죠-료- 명 입장료

- □ **入場券**にゅうじょうけん 뉴-죠-껭 명 입장권

- □ **出**でる 데루 동 나가다

- □ **出口**でぐち 데구찌 명 출구

- □ **退場**たいじょう 타이죠- 명 퇴장

- □ **目的地**もくてきち 목떼끼찌 명 목적지, 행선지
  = **行**ゆ**き先**さき 유끼사끼

- □ **道**みち 미찌 명 길

- □ **坂道**さかみち 사까미찌 명 비탈길, 언덕길

- □ **近道**ちかみち 치까미찌 명 지름길

- □ **通**とおり 토-리 명 길

- □ **大通**おおどおり 오오도-리 명 큰 길

- □ **通路**つうろ 츠-로 명 통로

- 路地ろじ 로지 몡 골목길

- 繁華街はんかがい 항까가이 몡 번화가

- 距離きょり 쿄리 몡 거리, 격차
  = へだたり 헤다따리

- 間隔かんかく 캉까꾸 몡 간격

- 遠とおい 토-이 혱 멀다

- 近ちかい 치까이 혱 가깝다

- 写真しゃしん 샤싱 몡 사진

- 写真撮影しゃしんさつえい 샤싱사쯔에- 몡 사진촬영

- 写真しゃしんを撮とる 샤싱오 토루
  사진을 찍다

- 写しゃメ 샤메 휴대전화로 찍는 사진

- 自撮じどり 지도리 명 셀프 카메라

- 自撮じどり棒ぼう 지도리보- 명 셀카봉

- プレゼント 프레젠토 명 선물
  = 贈おくり物もの 오꾸리모노

- お土産みやげ 오미야게 명 기념품, 토산품

- 名物めいぶつ 메-부쯔 명 명물, 특산물
  = 特産物とくさんぶつ 톡삼부쯔

- はがき 하가끼 명 우편엽서

- キーホルダー 키-호루다- 명 열쇠고리, 키홀더

- 大使館たいしかん 타이시깡 명 대사관

- 領事館りょうじかん 료-지깡 명 영사관

ユニット 24. 사고 & 사건
事故・事件 지꼬・지껭

□ **事故** じこ 지꼬 ⑲ 사고

□ **傷口** きずぐち 키즈구찌 ⑲ 상처
  = **怪我** けが 케가

□ **傷跡** きずあと 키즈아또 상처 자국

□ **痛手** いたで 이따데 ⑲ 깊은 상처

□ **怪我する** けがする 케가스루 ⑧ 상하게 하다, 다치게 하다

□ **傷付ける** きずつける 키즈쯔께루 ⑧ 상처를 입히다

□ **傷を負う** きずをおう 키즈오 오우 상처를 입다

□ **苦しむ** くるしむ 쿠루시무 ⑧ 괴로워하다

□ **苦しんでいる** くるしんでいる 쿠루신데 이루
  ⑧ 몹시 괴로워하다, 번민하다

- □ 切きられる 키라레루 [동] 베이다

- □ 骨ほね 호네 [명] 뼈

- □ 骨折こっせつ 콧세쯔 [명] 골절

- □ 骨折こっせつする 콧세쯔스루 [동] 골절되다

- □ 折おれる 오레루 [동] 부러지다

- □ 火傷やけど 야께도 [명] 화상
  = かしょう 카쇼-

- □ 霜焼しもやけ 시모야께 [명] 동상

- □ 血ち 치 [명] 피

- □ 血液けつえき 케쯔에끼 [명] 혈액

- □ 出血しゅっけつ 슛께쯔 [명] 출혈

- □ 出血しゅっけつする 슛께쯔스루 [동] 출혈하다

- □ **止血**しけつ 시께쯔 몡 지혈
  - = **血止**ちどめ 치도메

- □ **救助**きゅうじょ 큐-죠 몡 구조

- □ **救助**きゅうじょ**する** 큐-죠스루 동 구조하다
  - = **助**たす**ける** 타스께루
  - = **救**すく**う** 스꾸-

- □ **応急**おうきゅう 오-뀨- 몡 응급

- □ **緊急**きんきゅう 킨뀨- 몡 긴급

- □ **救急**きゅうきゅう 큐-뀨- 몡 구급

- □ **救急室**きゅうきゅうしつ 큐-뀨-시쯔
  몡 응급실
  - = **エマージェンシールーム**
    에마-젠시-루-무

- □ **応急処置**おうきゅうしょち 오-뀨-쇼찌
  몡 응급 처치, 응급 치료

- **救急車**きゅうきゅうしゃ 큐-뀨-샤 몡 구급차

- **救急箱**きゅうきゅうばこ 큐-뀨-바꼬
  몡 구급 상자

- **治療**ちりょう 치료- 몡 치료

- **治療**ちりょう**する** 치료-스루 동 치료하다

- **治**なお**る** 나오루 동 낫다

- **回復**かいふく 카이후꾸 몡 회복

- **回復**かいふく**する** 카이후꾸스루 동 회복하다

- **脳卒中**のうそっちゅう 노-솟쮸- 몡 뇌졸중
  = **卒中**そっちゅう 솟쮸-

- **癲癇**てんかん 텡깡 몡 간질

- **痙攣**けいれん 케-렝 몡 경련
  = **ひきつり** 히끼쯔리

- □ **ひきつけ** 히끼쯔께 명 경련,
  (특히 어린 아이의) 경풍

- □ **窒息**ちっそく 칫소꾸 명 질식

- □ **窒息**ちっそく**させる** 칫소꾸사세루
  동 질식시키다

- □ **失神**しっしん 싯싱 명 실신, 기절
  = **気絶**きぜつ 키제쯔

- □ **失神**しっしん**する** 싯싱스루 동 실신하다,
  기절하다
  = **気絶**きぜつ**する** 키제쯔스루

- □ **ショック** 숔쿠 명 쇼크, 충격

- □ **心臓麻痺**しんぞうまひ 신조–마히
  명 심장 마비

- □ **心肺蘇生術**しんぱいそせいじゅつ
  신빠이소세–쥬쯔 명 심폐소생술

- 事件じけん 지껭 [명] 사건
  = できごと 데끼고또

- 警察けいさつ 케-사쯔 [명] 경찰

- 警察署けいさつしょ 케-사쯔쇼 [명] 경찰서

- 届とどけ 토도께 [명] 신고, 신고서
  = 申告しんこく 싱꼬꾸

- お知しらせ 오시라세 [명] 통지, 알림
  = 通知つうち 츠-찌

- 知しらせる 시라세루 [동] 알리다, 통지하다

- 報告ほうこく 호-꼬꾸 [명] 보고

- 報告ほうこくする 호-꼬꾸스루 [동] 보고하다

- 陳述ちんじゅつ 친쥬쯔 [명] 진술

- 陳述書ちんじゅつしょ 친쥬쯔쇼 [명] 진술서

- 申もうし立たて 모-시따떼 _명 제기, 주장

- 証拠しょうこ 쇼-꼬 _명 증거

- 証言しょうげん 쇼-겡 _명 증언

- 証言者しょうげんしゃ 쇼-겐샤 증언자

- 目撃者もくげきしゃ 모꾸게끼샤 _명 목격자

- 罪つみ 츠미 _명 죄

- (罪つみを)犯おかす (츠미오) 오까스
  _동 (죄를) 짓다, 범하다

- 有罪ゆうざい 유-자이 _명 유죄

- 無罪むざい 무자이 _명 무죄

- 罪悪ざいあく 자이아꾸 _명 죄악

- 罪悪感ざいあくかん 자이아꾸깡 _명 죄책감

- 犯罪 はんざい 한자이 명 범죄

- 犯人 はんにん 한닝 명 범인

- 容疑者 ようぎしゃ 요-기샤 명 용의자

- 被疑者 ひぎしゃ 히기샤 명 피의자

- 逃走 とうそう 토-소- 명 도주, 도망

- 逃亡 とうぼう 토-보- 명 도망

- 盗 ぬすみ 누스미 명 도둑질

- 泥棒 どろぼう 도로보- 명 도둑, 도둑질

- 盗 ぬすむ 누스무 동 도둑질하다, 훔치다

- 奪 うばう 우바우 동 빼앗다

- 強盗 ごうとう 고-또- 명 강도

- **路上強盗**ろじょうごうとう 로죠-고-또- 명 노상강도
  = **つじ強盗**ごうとう 츠지고-또-
  = **追**お**いはぎ** 오이하기

- **万引**まんびき 맘비끼 명 들치기

- **置**お**き引**びき 오끼비끼 명 들치기

- **すり** 스리 명 소매치기

- **詐欺**さぎ 사기 명 사기

- **詐欺師**さぎし 사기시 사기꾼

- **騙**だます 다마스 동 속이다
  = **欺**あざむく 아자무꾸

- **殺人**さつじん 사쯔징 명 살인

- **人殺**ひとごろし 히또고로시 명 살인, 살인자

- **殺人犯**さつじんはん 사쯔징항 명 살인범

- 殺人鬼 さつじんき 사쯔징끼 [명] 살인마

- 連続殺人犯 れんぞくさつじんはん 렌조꾸 사쯔징항 [명] 연쇄살인범

- 行方不明 ゆくえふめい 유꾸에후메- [명] 행방불명

- 行方不明者 ゆくえふめいしゃ 유꾸에후메-샤 [명] 행방불명자

- 失踪 しっそう 싯소- [명] 실종

- 失踪者 しっそうしゃ 싯소-샤 [명] 실종자

- 迷子 まいご 마이고 [명] 미아, 길 잃은 아이

- 迷子札 まいごふだ 마이고후다 [명] 미아 방지 명찰

- 紛失 ふんしつ 훈시쯔 [명] 분실

- 紛失届 ふんしつとどけ 훈시쯔또도께 분실 신고

- □ **紛失物ふんしつぶつ** 훈시쯔부쯔 명 분실물
  - = 忘わすれ物もの 와스레모노
  - = 落おとし物もの 오또시모노

- □ **拾ひろい物もの** 히로이모노 명 습득물, 줍는 일

- □ **忘わすれ物ものセンター** 와스레모노 센타-
  분실물 센터

- □ **忘わすれ物もの保管所ほかんじょ**
  와스레모노 호깐죠 분실물 보관소

- □ **遺失物取扱所いしつぶつとりあつかいじょ**
  이시쯔부쯔 또리아쯔까이죠 유실물 취급소

- □ **交通事故こうつうじこ** 코-쯔-지꼬 교통사고

- □ **衝突しょうとつ** 쇼-또쯔 명 충돌

- □ **衝突しょうとつする** 쇼-또쯔스루 동 충돌하다

- □ **ぶつかる** 부쯔까루 동 부딪치다

□ 滑すべり 스베리 명 미끄러지기
  = スリップ 스립프

□ 滑すべる 스베루 동 미끄러지다
  = スリップする 스립프스루

□ 凍結とうけつした路面ろめん
  토-께쯔시따 로멩 빙판
  = 凍こおりついた路面ろめん
  코-리쯔이따 로멩

□ レッカー車しゃ 렉카-샤 명 견인차
  = 牽引車けんいんしゃ 켕잉샤

□ 追おい越こす 오이꼬스 동 앞지르다, 추월하다

□ スピード違反いはん 스피-도 이항
  명 속도 위반, 과속
  = 速度違反そくどいはん 소꾸도 이항

- 溺死 できし 데끼시 몡 익사
  = 水死 すいし 스이시

- 溺 おぼれる 오보레루 동 물에 빠지다

- 溺れ死にする おぼれじにする 오보레지니스루
  관 익사하다, 물귀신이 되다

- ライフセーバー 라이후세-바-
  몡 인명 구조원

- 火事 かじ 카지 몡 불

- 火災 かさい 카사이 몡 화재

- 山火事 やまかじ 야마까지 몡 산불

- 爆発 ばくはつ 바꾸하쯔 몡 폭발

- 消防車 しょうぼうしゃ 쇼-보-샤 몡 소방차

- 消防署 しょうぼうしょ 쇼-보-쇼 몡 소방서

- 災難さいなん 사이낭 몡 재난, 재앙
  = 災わざわい 와자와이

- 自然災害しぜんさいがい 시젱사이가이
  자연재해

- 地震じしん 지싱 몡 지진

- 雪崩なだれ 나다레 몡 눈사태

- 山崩やまくずれ 야마꾸즈레 몡 산사태

- 津波つなみ 츠나미 몡 해일, 쓰나미

- 台風たいふう 타이후- 몡 태풍

- 日照ひでり 히데리 몡 가뭄
  = 干魃かんばつ 캄바쯔

- 洪水こうずい 코-즈이 몡 홍수

- 大洪水だいこうずい 다이꼬-즈이 대홍수

ユニット **25. 숫자**
数字 수-지

MP3, U25

■ **基数**きすう 키스- 명 기수

□ **れい** 레- 명 0, 영
 = **ゼロ** 제로

□ **一**いち 이찌 명 1, 일, 하나

□ **二**に 니 명 2, 이, 둘

□ **三**さん 상 명 3, 삼, 셋

□ **四**し/よん 시/용 명 4, 사, 넷

□ **五**ご 고 명 5, 오, 다섯

□ **六**ろく 로꾸 명 6, 육, 여섯

□ **七**しち/なな 시찌/나나 명 7, 칠, 일곱

□ **八**はち 하찌 명 8, 팔, 여덟

- 九 きゅう/く 큐-/쿠 명 9, 구, 아홉

- 十 じゅう 쥬- 명 10, 십, 열

- 十一 じゅういち 쥬-이찌 명 11, 십일, 열하나

- 十二 じゅうに 쥬-니 명 12, 십이, 열둘

- 十三 じゅうさん 쥬-상 명 13, 십삼, 열셋

- 十四 じゅうよん/じゅうし 쥬-용/쥬-시 명 14, 십사, 열넷

- 十五 じゅうご 쥬-고 명 15, 십오, 열다섯

- 十六 じゅうろく 쥬-로꾸 명 16, 십육, 열여섯

- 十七 じゅうなな/じゅうしち 쥬-나나/쥬-시찌 명 17, 십칠, 열일곱

- 十八 じゅうはち 쥬-하찌 명 18, 십팔, 열여덟

- 十九 じゅうきゅう 쥬-뀨- 명 19, 십구, 열아홉

- 二十 にじゅう 니쥬- 명 20, 이십, 스물

- 三十 さんじゅう 산쥬- 명 30, 삼십, 서른

- 四十 よんじゅう/しじゅう 욘쥬-/시쥬- 명 40, 사십, 마흔

- 五十 ごじゅう 고쥬- 명 50, 오십, 쉰

- 六十 ろくじゅう 로꾸쥬- 명 60, 육십, 예순

- 七十 ななじゅう/しちじゅう 나나쥬-/시찌쥬- 명 70, 칠십, 일흔

- 八十 はちじゅう 하찌쥬- 명 80, 팔십, 여든

- 九十 きゅうじゅう 큐-쥬- 명 90, 구십, 아흔

- 百 ひゃく 햐꾸 명 100, 백

- 千 せん 셍 명 1,000, 천

- 一万 いちまん 이찌망 명 10,000, 만

- □ **十万** じゅうまん 쥬-망 몡 10만, 십만

- □ **百万** ひゃくまん 햐꾸망 몡 100만, 백만

- □ **一千万** いっせんまん 잇셈망 몡 1,000만, 천만

- □ **億** おく 오꾸 몡 억

- □ **十億** じゅうおく 쥬-오꾸 몡 10억, 십억

- □ **千億** せんおく 셍오꾸 몡 1,000억, 천억; 대단히 많은 수

- □ **いくつ** 이꾸쯔 몡 몇, 몇 개

- □ **一ひとつ** 히또쯔 몡 하나

- □ **二ふたつ** 후따쯔 몡 둘

- □ **三みっつ** 밋쯔 몡 셋

- □ **四よっつ** 욧쯔 몡 넷

- □ **五いつつ** 이쯔쯔 몡 다섯

☐ 六むっつ 뭇쯔 명 여섯

☐ 七ななつ 나나쯔 명 일곱

☐ 八やっつ 얏쯔 명 여덟

☐ 九ここのつ 코꼬노쯔 명 아홉

☐ 十とお 토- 명 열

■ **序数**じょすう 죠스- 명 서수

☐ 第一だいいち 다이이찌 명 첫째

☐ 一番目いちばんめ 이찌밤메 명 첫 번째

☐ 第二だいに 다이니 명 둘째

☐ 第三だいさん 다이상 명 셋째

☐ 第四だいよん/だいし 다이용/다이시 명 넷째

☐ 第五だいご 다이고 명 다섯째

ユニット 26. 엔화
日本の円 니혼노 엥

MP3. U26

☐ **一円** いちえん 이찌엥 명 1엔

☐ **五円** ごえん 고엥 명 5엔

☐ **十円** じゅうえん 쥬–엥 명 10엔

☐ **五十円** ごじゅうえん 고쥬–엥 [명] 50엔

☐ **百円** ひゃくえん 햐꾸엥 [명] 백 엔

☐ **五百円** ごひゃくえん 고햐꾸엥 [명] 5백 엔

□ **千円**せんえん 셍엥 [명] 천 엔

□ **二千円**にせんえん 니셍엥 [명] 2천 엔

□ **五千円**ごせんえん 고셍엥 [명] 5천 엔

□ **一万円**いちまんえん 이찌망엥 [명] 만 엔

★ 여행자를 위한 왕초보 일본어 ★

남들은 너무 쉽게 가는 일본, 가보고 싶지 않으세요?

일본은 처음이에요! 일본어를 하나도 몰라요!
이럴 때 든든한 나의 여행 친구,
〈레전드 여행 일본어〉로 쉽게 시작하세요!